維新と興亜

道義国家
日本を
再建する
言論誌

令和5年
5月号

【第18号】

崎門学研究会・
大アジア研究会
合同編集

題字
柳田泰山

維新と興亞

令和五年五月号

「新右翼」が目指したもの　鈴木邦男と野村秋介

橘孝三郎　土とま心

【巻頭言】このままでは日本は孤立する

アメリカの覇権がいま音を立てて崩壊しようとしている。ところが、わが国は何事も起きていないかのように、アメリカの忠実の子分としての務めを果たそうとしている。

三月上旬には、中国の仲介によって、サウジアラビアとイランが国交を回復した。中東におけるアメリカの影響力の低下がはっきりしてきたのである。同月下旬には、サウジの国有石油会社が中国の栄盛石油化学と戦略協力協定を締結し、人民元決済を始めることになった。しかも、サウジは上海協力機構（ＳＣＯ）に参加する決定を閣議で了承した。これと同時期、アメリカの裏庭である南米最大の国家ブラジルが、中国との貿易からドルを排除し、自国通貨の人民元―レアルで取引するという合意を発表したのである。ドル覇権体制に大きな亀裂が入りつつある。

アメリカのロシア孤立化政策も失敗した。国連人権委員会におけるロシアの資格停止決議においては百カ国が反対・棄権・欠席した。ＡＳＥＡＮにおいても、十カ国中八カ国が反対・棄権・欠席のいずれかとなった。

アメリカは、「自由民主主義国家」か「専制・強権主義国家」という二元論に基づいて、各国に対してアメリカ側につくことを求めているが、欧米を除く世界のほとんどの国がアメリカ側だけにつこうとはしない。むしろ二元論で迫れば迫るほど、「専制・強権主義国家」のグループに追いやる結果を招いている。そもそも世界の国々は、必要に応じてロシアとも中国とも自由に付き合える主体性を確保したいと考えているのだ。

わが国は、二〇〇六年に麻生太郎外務大臣が「自由と繁栄の孤」を提唱して以来、自由主義、民主主義といった普遍的価値を強調する価値観外交を展開してきた。現在は「自由で開かれたインド太平洋」を念仏のように繰り返している。岸田内閣が昨年末に閣議決定した国家安全保障戦略には、「同志国」(like-minded countries)という言葉が二十カ所以上出てくる。時事通信は、「同志国」とは「民主主義や法の支配など基本的価値を共有し、日本が外交・安全保障で連携する国」だと説明している。相手に価値観外交を想起させる言葉は逆効果だ。

日本の価値観外交を歓迎しているのは英米豪くらいのもので、大多数の国がそれを煙たく感じている。

バイデン政権が推進するインド太平洋経済枠組み(IPEF)も、アジア諸国からその意図を見透かされている。アジアの御意見番マハティール閣下は、「IPEFは中国を排除し、対抗しようとするものだ」と批判し、米中対立の緩和を訴えている。

東京大学の園田茂人教授が著した『アジアの国民感情』は、アジア各国の世論調査の結果をデータで示している。例えば、「中国は興隆しているが、アジア各国との関係を平和的に保つだろう」という文言への賛否について、タイ、マレーシア、インドネシアでは賛成が五割を超えている。ところが、アメリカに都合のいい情報しか流さない日本のメディアは、アジアの世論を日本人に伝えようとしない。

アジアで非同盟諸国会議に加盟していないのは日本と韓国だけだが、いまや世界は非同盟の時代に入りつつあるのではないか。近頃「グローバル・サウス」という言葉がメディアで頻繁に使われるようになっているが、それは非同盟諸国の影響力の拡大を物語っている。

日本は価値観外交をやめて、主権尊重、互恵・共栄を基軸にした外交に転換し、日米安保条約を破棄して非同盟諸国会議に加盟すべきだ。

そのためには、日米安保に依存しない防衛体制を確立する必要がある。それができないまま、アメリカの覇権が崩壊すれば、日本は英豪とともに世界から孤立するのではないか。

(坪内隆彦)

先の四月九日投開票の千葉県議選で初当選させて頂いた。ご支援を賜りました全ての方々に衷心より御礼感謝申し上げます。

本選挙戦においては、「既成政党によるしがらみ政治の打破」を掲げ、自民、立憲、日本維新の公認候補者を相手に、完全無所属の立場で戦いを挑んだ。自民党は旧統一教会とのしがらみが明らかになったが、宗教との関係でいえば公明党の支持母体である創価学会との癒着こそ最大のしがらみである。少なくとも憲法改正を党是に掲げる自民党が、改憲に反対している公明党と二十年以上にわたって連立与党を組み、国土交通大臣が同党の議員で占められ続けている事実は我が国の政治を歪めている。また立憲民主党も、最大の支持母体である連合の意向に左右され、連合が与党にすり寄るのと歩調を合わせるかのように軟化し、政権奪取のために自公政権と四つにくんだ命がけの権力闘争をする気概も気魄も全く感じられない。日本維新の会は、所詮は第二自民党であり、「身を切る改革」と称しながら、実際には国民の身を切る新自由主義改革を企んでいる。こうしたなかで、もはや既成政党には日本を任せられないという国民の不信と諦め、怒りが渦巻いている。

特に地方政治においては、本来、国政政党は関係がない。地方自治体の首長と議会は独立対等な関係（二元代表）で対峙せねばならないが、首長と議会最大会派が同じ党派に属したり、党派間の駆け引きが介在することで、両者の馴れ合いや忖度、しがらみが生まれやすくなる。こうした弊風を打破し、政党やその支持母体になっている特定の組織団体の代弁者ではなく、真の市民の代表者として公正な政治を実現すべく立候補した。周囲からは政党相手に勝ち目がないからやめておけと言われていたが、氏神である清瀧神社で必勝を祈願し、「いざ桶狭間」の心境で出陣した。九日間の選挙期間中は街宣車には乗らず、演説マラソンで240キロを走り通した。結果は立憲を破り自民候補に肉迫する1万4940票を得ての二位当選であった。勝因は色々考えられるが、まさに神明のご加護を受け神風が吹いた結果であると受け止めている。

私はこれまで「浦安から日本を建て直す」という志のもとに、浦安市議として活動させて頂いたが、これからは千葉県政というステージで、17万市民の代表者として、インフラ整備や災害対策、教育改革など、浦安市政だけでは解決できない課題に取り組んで参りたい。しかし、その根本にある「日本を建て直す」という志は一貫している。

日本がこれから誇りある道義国家として存続していくためには、**第一**に、アメリカ依存の国防体制から脱却し、憲法と日米安保条約を改正して自主国防体制を構築せねばならない。しかしそれはアメリカと対立するという事ではなく、自立した対等な関係になるという事だ。そのうえで我が国は、現在のような覇道国家同士の力の均衡に基づく薄氷の平和を超えて、アジア民族の独立と連帯に基づく道義的秩序の構築に主導的役割を果たすべきである。**第二**に、祭祀主であらせられる天皇陛下のもとで国民が「億兆心を一にし」、往古の国体精神を恢復せねばならない。これには教育行政の主体である県政の改革が不可欠である。私が県政を志した大きな動機の一つである。**第三**に、外国勢力と結託し、国民同胞の富を吸い上げる寄生虫のような「獅子身中の虫」を駆除し、天皇陛下のもとで公正平等な我が国本来の政治の姿を取り戻さねばならない。

また、明治以来の官治集権、東京一極集中、グローバル資本主義から脱却して、自治分権、社稷自治（農業と信仰に基づく共同体）、農本主義に基づいた国づくりを推し進め、国家と個人の中間にある家族や故郷、地域社会といった伝統共同体の自律性を高める必要がある。その点、浦安は父祖の生業である漁業を放棄し海面を埋め立てたため第一次産業がない。しかし、千葉県は豊かな瑞穂が実る有数の農業県である。よって県という広域自治体のなかで、食と農を通じて、浦安と近隣自治体を結びつけ、東京や外国資本に依存しない自律的なコミュニティーを構築していきたい。

今後も道義国家日本の再建のために、千葉県政から日本を建て直すべく挺身努力して参る所存である。

二〇一九年七月、ジャニー喜多川こと喜多川擴《ひろむ》が死んだ。そしてその姉メリー喜多川（藤島メリー泰子）も二〇二一年に死んだ。その頃から芸能界におけるジャニーズの影響力は低下し、本年三月から四月にかけて週刊文春がジャニー喜多川のジャニーズジュニアへの「性加害」を繰り返し掲載している。

性加害と並んでこれまで噂されてきたのが、「ジャニー喜多川ＣＩＡ説」である。彼は日系二世のアメリカ人で米国籍を持ち、朝鮮戦争にも従軍している他、米大使館に勤務したこともあるという。ジャニーが日本国籍のみとなったのはなんと最晩年の二〇一四年であった。ジャニー自身「ＣＩＡのスパイなのか？」と問われ「アメリカの情報機関で働いたことはあるけど、それ以上はノーコメント」と回答したという噂もある。ジャニーの父喜多川諦道はリトルトーキョーにある高野山真言宗米国別院の僧侶で、芸能に深い趣味を持っており、その寺の会堂はコンサート会場にもなる日系人社会の憩いの場ともなっていた。そんな出自をもつジャニーは朝鮮戦争による戦災孤児に英語を教えたほか、アメリカ合衆国大使館軍事援助顧問団の職員として日本に勤務していた。一九六〇年代に自身が住んでいた渋谷、代々木の在日米軍宿舎にて少年野球チームのコーチを務めており、その子どもたちと「ウエストサイドストーリー」を見に行ったことで、芸能活動に進出することを決意する。ジャニーズの芸能スタイルは歌って踊れるアメリカ風のショービジネスであり、それは戦勝国アメリカによる敗戦国日本への洗脳という趣があった。また、小柄で中性的な美少年が好まれるのはジャニー自身の嗜好が大きかろうが、雄々しさを忌避する風潮には大いに貢献したと言えよう。

ジャニーズの歴史は旧統一教会とも無縁ではない。旧統一教会系企業のひとつに「一和（イルファ）」という会社があったが、そのＣＭに出ていたのは元宝塚の月岡夢路であった。その月岡はメリーの配偶者である藤島泰輔（ポール・ボネ）とも親しかった。月岡は文鮮明の愛人であるという噂がつきまとい、藤島はペンクラブ会長時代に朴正煕政権下で行われた詩人金芝河への死刑判決を徹底擁護したことで物議をかもした。そして月丘と藤島は自民党の機関誌「月刊自由民主」で対談し、原発政策に賛成し反共発言を繰り返した。その後藤島はアメリカに移住し、月丘は晩年までジャニーズ関連の舞台に出演しつづけた。旧統一教会がCIA及びKCIAと岸信介以降の自民党と密接な関係をもっていたことは有名だが、ジャニーズと自民党も間接的な縁があったということだ。

むしろ最近では芸能人が政治的発言を隠さなくなってきた。これは政治の側がエンタメを活用しだしたのが契機で、もっぱら今の自民党と蜜月なのは吉本興業である。故安倍元首相が吉本新喜劇の舞台に上がったり、吉本芸人と官邸で面会したり、第二次安倍政権で発足した官民ファンド「クールジャパン機構」は累計22億円もの額を吉本興業に出資している。吉本興業の大崎洋会長は二〇一八年に内閣官房まち・ひと・しごと創生本部事務局「わくわく地方生活実現会議」委員に就任したり、普天間基地や那覇軍港など返還が見込まれる米軍施設・区域の跡地利用に関する有識者会議のメンバーに選ばれるなど、政権との関係を強化することに努め、それにより吉本興業は「政権御用達芸人」の地位を確立した。報道バラエティー等で松本人志やほんこんが露骨な政権擁護をすることも珍しくない。また、大阪では日本維新の会とも密接である。

日本の芸能界はGHQの3S政策と抜きがたい関連をもっている。GHQは日本人に政治に関心を向けさせないために、スクリーン（映画）、スポーツ、セックス（恋愛）の3Sに目を向けさせた。その結果日本人は政治に無関心になり、享楽にうつつを抜かすこととなった。テレビ局と新聞社が同一グループ企業で占められ巨大化し政権幹部と会食して恥じないのは先進国では日本ぐらいだ。これも対米従属自民党政権を未来永劫維持するために必要とされているのだろう。CIAの日本側協力者のリストには、正力松太郎、読売新聞、日本テレビの名があり、自民党関係では緒方竹虎や岸信介も協力者とされる。政治とメディア、そして芸能の闇は戦後史を形作っているのだ。

「新右翼」が目指したもの
鈴木邦男と野村秋介の思想と行動

「新右翼」のスターと言われてきた一水会元代表の鈴木邦男氏が一月十一日に逝去された。三月二十三日に東京・内幸町の日本プレスセンターで開かれたお別れ会には約四百人が集い、故人をしのんだ。

一水会は、三島由紀夫・森田必勝両烈士らの憂国の精神を継承すべく、昭和四十七年五月に結成された。

戦後体制の打破、対米自立・対米対等な真の独立国家を目指し、勉強会「一水会フォーラム」を開催するとともに、機関紙『月刊レコンキスタ』を発行してきた。同紙は五百二十七号を数える。

野村秋介氏 歿後30年

一方、経団連事件を起こした民族派の野村秋介氏が朝日新聞の役員室で拳銃自決してから、今年十月で三十年が経過する。野村氏は昭和三十八(一九六三)年七月十五日、河野一郎邸焼き討ち事件を起こして逮捕され、懲役十二年の実刑判決を受けた。さらに出所後の昭和五十二(一九七七)年三月三日、西尾俊一氏、伊藤好雄氏、森田忠明氏とともに、経団連襲撃事件を起こして逮捕され、懲役六年の実刑判決を受けた。

両者は親米反共の戦後既成右翼と一線を画し、戦後体制の打破、対米自立を掲げて権力とも対峙してきた。それは、昭和維新運動の継承だったのか。

いま、いわゆる「ネトウヨ」的な考え方が社会に浸透しつつあるとの見方もある。ネトウヨと新右翼を分かつものは何なのか。「新右翼」が目指したものとはいったい」何だったのか。

差別と闘うのが本来の右翼だ

ジャーナリスト　安田浩一

民の権利のために戦ってきたのが右翼だ

――玄洋社などの民族派の源流には反体制的な側面がありましたが、敗戦とGHQの占領によって、民族派は体制迎合的、親米的になってしまいました。

安田　右翼であろうが、左翼であろうが、近代以降の日本の反体制運動は自由民権運動を源流として発達してきた歴史があると思います。自由民権運動は、文字通り民の権利のための戦いでした。例えば、立志社の活動家植木枝盛は民の権利のために「民権数え歌」まで作り、頭山満も立志社を訪れた際にそれを歌ったといいます。現在、「人権」という言葉は非常に左翼っぽく、生ぬるく受け止める人もいるでしょうが、右翼もまた「人権」のために戦ってきた歴史があるのです。

ただし、戦前においても、ある時期から右翼は軍部に迎合し、権力の補完勢力として位置づけられるようになっていきました。もちろん、日本社会全体が軍部に迎合し、権力に迎合していくという流れの中にあったと思います。

　私が不思議でならないのは、戦後の右翼がいとも簡単に親米に変わってしまい、権力に靡き、権力の補完勢力として位置づけられてしまったことです。もちろん、反共という目的があったがゆえに、アメリカだけではなく、様々なアジアの反共勢力とも手を結ぶ必要があったのでしょうが、反共が目的化してしまったために、民衆から遠く離れた存在になってしまったと考えています。

もちろん、赤尾敏さんのように日の丸とともに星条旗を掲げたことには、ある種逆接的な意味もあったのかもしれませんが、民族主義の旗を掲げながら、なぜこうもアメリカに迎合するような主張をするようになったのか不思議です。

民族派としての筋を通した大東塾

――アメリカに敵対する日本の勢力を無力化するために展開されたアメリカの様々な工作によって、民族派も変質したように思います。

安田　もちろん、そうした影響もあるとは思います。公職追放など、ＧＨＱによって様々なパージが行われました。しかし、ＧＨＱがどれだけ強い勢力であろうとも、皮肉な物言いになりますが、それに立ち向かうことが、民族派、壮士、志士、国士といった言葉で呼ばれる右翼の存在意義だったのではないでしょうか。一部には、徹底抗戦を続け、神風が吹くと信じ、時に命を投げ出してアメリカに立ち向かった人が多くいたにもかかわらず、意外にも日本社会は敗戦という事実を簡単に受け入れてしまいました。私はいまだにその疑問が抜けません。

あるいは、皇室を守るためには、どんなに汚れた水でも飲む、アメリカであろうが皇室を守るためには誰とでも手を組むという覚悟があったかもしれません。しかし、端緒がそこであったにせよ、結果的に右翼民族派と呼ばれている人たちはアメリカの戦略に取り込まれていきました。

戦後まもなくは日本共産党もアメリカ万歳でしたが、その後は左翼の方がよほどアメリカに抵抗しました。目的は別とし、ギリギリのところでアメリカと戦ったのは、左翼だったという気がします。

影山正治氏

――戦後民族派が親米化し、日米安保を肯定するようになる中で、戦前から昭和維新運動に挺身してきた人たちの中には、独自の立場を貫いた人たちもいました。安田さんは、『「右翼」の戦後史』（講談社）で、大東塾にも光を当てています。

安田　大東塾は民族派としての筋を通したと思います。彼らはアメリカの言いなりになるという選択を拒否したわけです。大東塾の影山正治さんは、六〇年安保当時、右翼の側から日米安保体制に疑義を唱え、警官隊との衝突により国会前で死亡した東大生・樺美智子さんに向けて、「心から哀悼の言葉を述べたい。彼女こそ日本のために亡くなった愛国者だ」と追悼の言葉を残しました。

影山さんは、樺さんとは描いている将来の日本の姿が全く違ったとしても、アメリカの軍門に下ることを拒否した仲間の一人の死であると位置づけていたのだと思います。そうした影山さんの思いに私は共感します。

さらに、大東塾は安保改定のために米大統領一行の訪日が発表されると、自民党などが用意した〝ウェルカム・ポスター〟に対抗し、「日章旗の下へ！」と記した〝日の丸ポスター〟を都内各地に貼付したといいます。私と考え方は違いますが、筋論だけで言えば、影山さんの行動こそが正しかったのではないかと思います。反体制右翼として折られてはいけない背骨、曲げられてはいけない背骨もあるわけです。そこを守り通すことは、右であれ左であれ、重要なことだと思います。

石原莞爾の思想を継承した武田邦太郎

――戦前に多くの民族派が体制に迎合する中で、石原莞爾、木村武雄らの東亜連盟運動は東条政権にも抵抗しました。戦後も、石原莞爾の流れをくむ人たちは、独自の姿勢を維持していました。

武田邦太郎氏

安田　石原莞爾の思想を継承した武田邦太郎さんは、共産党などの革新政党かと勘違いするようなスローガンを掲げていました。武田さんと初めて会った時に、とても物腰の柔らかい人だと感じました。彼は民族協和の理想を掲げた石原莞爾や吉寧柱のことを非常に高く評価していました。

平成十九（二〇〇七）年三月下旬頃、武田さんにお会いしたときのことでした。一緒に山道を登り、石原莞爾の墓に向かう途中、山桜が満開で、木立が淡い桃色にかすんでいました。すると、武田さんが不意に話しかけてきたのです。

「靖国（神社）の桜は咲きましたか？」

私がどう答えてよいのかわからず、「たぶん、満開だと思いますが……」と答えると、武田さんはこう続けました。

「靖国の桜はソメイヨシノですね。私はソメイヨシノがあまり好きではないのです。なんというか、あまりに華美で、自己主張が強すぎるような気がするんです。人工的な感じもします。その点、山桜はいい。素朴で、ひっそりと、控えめに、昔からそこにいるかのように優しく咲いています。風景の中で浮き上がることなく、自然と調和している」

その頃から、総理の公式参拝などをめぐり靖国は政治の大きな焦点になっていました。私は武田さんの言葉を聞いて、勇ましい言葉で国民を煽る右派勢力をソメイヨシノにたとえ、それをやんわりと批判したのだと感じました。ことさらに愛国心を掻き立てなくても、霞がふわっと湧きたつような山桜のように、自然な郷土愛を大切にしたいという武田さんの思いを感じました。

「石原慎太郎は、すべての在日朝鮮人に土下座して謝れ」

――三上卓先生の影響を受けた野村秋介先生には、戦前の民族派にあったアジア主義的な思想が受け継がれていたように思います。

安田　私は個人的には、植民地主義に通じる大アジア主義に共感できるところはまったくありませんが、心ある右翼の人にアジアという概念があったことは認めています。欧米の植民地主義に対して、アジアの人々が立ち上がるために何をすべきかを考え、アジアと連帯するという意志は非常に強かったと思います。

例えば、ベトナムなどアジアの独立闘争に身を捧げた日本人も少なからずいました。アジア主義は右翼の背骨の一つだったと思いますが、現在はそれすらあまり見えなくなりました。野村秋介さんには、「差別を許さない」、「同じアジア民族が欧米列強からなぜ差別されなければならないのか」という思いは強かったのだろうと思います。

野村さんが、河野一郎邸焼き討ち事件で千葉刑務所に服役していた頃、同房の在日韓国人が看守から虐待を受けたことに抗議し、刑務所長に直訴したというエピソードも残されています。

昭和五十八（一九八三）年の衆院選では、石原慎太郎さんと同じ選挙区から出馬した新井将敬さんのポスターに、「北朝鮮から帰化」と記した中傷ステッカーが相次いで貼られるという事件が起こりました。その後、ステッカーを貼ったのが石原陣営の選挙スタッフだったことが判明すると、野村さんはこれに激怒し、石原さんの事務所に怒鳴り込み、「石原は、すべての在日朝鮮人に土下座して謝れ」と迫ったのです。ここに、右翼の真骨頂が示されていたと思います。「アジア人を馬鹿にするんじゃないぞ」という思いがあったのでしょうね。私は野村さんの思想を全部受け入れるわけではありませんが、軽薄な右翼とは遠く離れた野村さんの思いには、強く胸を打つものがありました。あの時、立ち上がり、ある種右翼としての怖さを石原陣営に見せたのは野村さんだけでした。嫌韓を叫ぶことが愛国者ででもあるかのような現在の風潮を、野村さんはどう評したでしょう。

――もともと、戦前に昭和維新運動に挺身した人たちは、貧困に苦しむ庶民や農村の疲弊を目の当たりにして、権力を貪る特権階級の打倒に立ち上がった人たちです。

安田　昭和維新という言葉は右翼を名乗る人々の間では現在も生きていると思いますし、戦後の右翼、民族派に強い影響を与えたと思います。民族派が三上卓さんの思想を真面目に継承していたならば、現在の右翼の形にはなってなかったと思います。ただし、真面目に継承すればするほど少数派になってしまうという悩ましさもあるでしょう。しかし、胸を張って少数派であり続けることも、重要だと思います。野村秋介さんも、自分はあくまでも少数派として不条理に立ち向かうという姿勢を貫いていたのだと思います。その姿勢を示したのが、「民族の触覚」という言葉だったのでしょう。ところが、現在は国家権力の言葉や少数派や外国人を排除するための言葉に敏感に反応する触覚ばかりが目立ってしまっている気がします。私は排外主義には断固として反対する立場です。

新右翼の源流はどこに

――安田さんは、日本学生会議（ジャスコ）で活躍した牛嶋徳太朗さんにも取材しています。

安田　牛嶋さんは昭和四十四（一九六九）年に早稲田大学に入学し、ジャスコに入りました。もともと、ジャスコは殉国青年隊の学生組織として結成されましたが、昭和四十二（一九六七）年に山浦嘉久さんが議長になってから、Y・P体制打倒を掲げ、既成右翼とは一線を画すようになりました。

　ジャスコの早稲田支部はアナーキストと同じ黒ヘルで武装し、早大全共闘とも共闘していました。昭和四十四年十一月に、ジャスコは核拡散防止条約に反対して、外務省の国際連合局軍縮室に乱入しています。ジャスコは、核拡散防止条約は大国の核による寡占体制の実現にほかならず、日本の条約批准はアメリカの核の傘での隷属を強いられることを意味するとして強く反発したのです。

　牛嶋さんの存在を知り、私は彼が教授を務める福岡の西日本短期大学を訪れました。研究室に入ると、壁には明治天皇のご真影が掲げられ、その横には黒ヘルが置いてありました。

これまで、一水会の誕生が新右翼の原点だとされてきましたが、牛嶋さんは「ジャスコを中心とする反核防統一戦線こそが、新右翼の源流だ」と主張したのです。私には、どちらの意見が正しいのかを評価する力はありませんが、核拡散防止条約に反対する勢力は当時としてはかなり際立った存在でした。

牛嶋さんは、ブント（共産主義者同盟）とも連携し、目的のためには暴力も否定しませんでした。そこに新しい右翼の形があったのかもしれません。右翼は権力の下請けではないという思いを強く持っていた点では、鈴木邦男さんと共通するものがあると思いますね。牛嶋さんはまた、阿部勉さんの家で定期的に学習会を開き、アナーキストの牧田吉明さんとも交流していました。今の右翼には真剣に思想や歴史の勉強している人が少ないように思います。

見えにくくなったネトウヨと右翼の境界

――ネトウヨと右翼はどこが違うのですか。

安田 平成二十四（二〇一二）年に、在京の右翼団体幹部による会議を取材する機会を得ました。新宿の喫茶店の会議室に、行動右翼、任侠右翼のトップクラスが集まり、「在特会」をテーマに議論をしました。ここでは、「愛国者であることは間違いない」「しかしあまりに言葉遣いがひどい」といった意見が交わされた上で、結局「手を組むような相手ではないし、仲間として認めるような存在とも思えない。放っておこう」といった結論に達したように記憶しています。少なくとも、この時点では在特会と街宣右翼との間に注目すべきつながりはなかったのです。しかし、それからしばらくすると、右翼団体が在特会に車を貸すようになりました。そして今や、かつて右翼とネトウヨの間に厳然として存在した垣根はなくなってしまったように思います。差別と排他の気分に満ち満ちた空気が、右派陣営を丸ごと飲み込んでいるように感じます。

例えば、辺野古基地反対運動の現場では、地元右翼とネトウヨが一緒になって反対派に襲い掛かっているのです。しかも、右翼は「コラー、じじい、ばばあ、出ていけー」と怒声を浴びせ、ネトウヨは「年寄りは臭いんだよ」と叫びます。

お年寄りを敬い、大切にするのが「日本人の美徳」だと右翼も保守派も主張してきたのではないでしょうか。こうした言葉に対して激怒するのが右翼の役割ではないのでしょうか。

攻撃する相手に対して、無暗に「コラー、お前朝鮮人だろ」といった言葉を浴びせる右翼もいます。いつから彼らは、人の国籍を透視できるようになったのでしょうか。民族派と呼ばれている人たちの劣化を強く感じざるを得ません。繰り返しますが、「朝鮮人」であったとして、なんの問題があるというのか。私はこうした差別に憤りを感じています。

現在、私が最も怖いのは、ネトウヨ組織の動員力が衰える一方で、ごく普通の人たちにネトウヨ的な考え方が浸透していることです。どこかでご飯を食べたり、お酒を飲んだりした時に、隣に座っているごく普通のサラリーマンが「朝鮮人が」と平気で話しています。メディアも含めて社会全体がネトウヨの色に染められているのかもしれません。私はこうした流れに抵抗することなく右翼を名乗るのは、右翼の質を落とすだけだと思っています。

反体制右翼としての誇りを

ノンフィクション作家　山平重樹

鈴木邦男・野村秋介対談「反共右翼からの脱却」

――山平さんが、平成元（一九八九）年に著した『ドキュメント新右翼　果てなき夢』（二十一世紀書院）は、平成三十（二〇一八）年に、新たに書き下ろした序と終章を加えて復刻されました。

山平　私自身も法政大学の学生だった昭和四十七（一九七二）年に、日本学生同盟（日学同）に入り、運動をしていました。その運動とは何だったのかを、自分なりに総括したいという気持ちがありました。『果てなき夢』は、いわば自分のアイデンティティを求めるために書いた一冊です。

一九六〇年代から七〇年代は、まさに「左翼にあらずんば人にあらず」といった空気が横溢し、新左翼運動が猖獗を極めていました。特に一九六〇年代後半には、明日にも左翼革命が起きるのではないかという時代状況でした。そうした状況は私が育った山形の田舎にいても実感できました。

民族派の学生運動に入ったきっかけは、いうまでもなく昭和四十五（一九七〇）年に起きた三島由紀夫・森田必勝両烈士による事件の衝撃でした。この事件に強い感銘を受けて民族派学生運動に飛び込んだ人は少なくなかったと思います。学生運動の大先輩である鈴木邦男さんは、やがて一水会を設立し、新右翼のスターとなりますが、鈴木さんの原動力も三島事件による衝撃だったそうです。

私が出版した『ドキュメント新右翼』は、当初『ドキュメント鈴木邦男』とする予定でした。それほど鈴木さんにスポットを当てています。「果てなき夢」というタイトルもまた、鈴木さんが常々言っていた「日常生活にとって、われわれの民族派運動なんて、なければなくてすむもんだ。だけど、オレたちが夢見ることをやめたら、どうなる？ 夢を見続けてこそ、オレたちの運動は持続するんだ」という言葉に触発されてつけたものです。しかし、その「果てなき夢」の行方というものは、鈴木さんの中で、だいぶ変容してしまったような気がしますね。

―― ただ、戦後の既成右翼と一線を画した新たな民族派運動を牽引した功績は大きいと評価されています。

山平　もちろん、その功績は大きいですよ。鈴木さんは、自民党の院外団のような、財界べったりの既成右翼に対する明確なアンチを示しました。

評論家の猪野健治さんは、「Y・P（ヤルタ・ポツダム）体制打倒」というスローガンを掲げた日学同や全国学協（全国学生自治体連絡協議会）などの民族派学生運動を、新左翼に理論的にも対抗できる勢力として「新右翼」と命名しました。

昭和五十一（一九七六）年二月号の『現代の眼』誌上で行われた鈴木さんと野村秋介さんとの対談「反共右翼からの脱却」は、まさに新右翼の歴史において記念碑的なものとなりました。ここで、鈴木さんは、次のように語っています。

「Y・P体制打倒にしてもその支柱をなしている安保と憲法の二つを同時に打倒する闘いであったはずなのに、一方の憲法の打倒は言いながらも、もう一つの安保の方は支持するんだと言う。こんなおかしな話はありませんよ。少々皮肉をこめて言えばこうした器用なまねが出来るようになった時から戦後右翼の堕落が始まったんだと思いますよ」

これを受けて、野村さんは次のように応じます。

「その堕落した姿勢はいまも続いているんですよ。反体制右翼としての誇りもなく、牙もすてて体制ベッタリになってしまった。だからどこかで踏みとどまらなくてはならないんですよ。そうでしょう。保守政党と右翼という本来相反するもの同士が癒着したまま続いてきてるんですよ。……Y・P体制打倒を言い、戦後体制からの脱却を言うのならば、安保と憲法を分けて考えるなんてことは絶対に出来ないはずですよ。少なくともそのスローガンを口先だけではなく、自分たちが命を賭して実現するんだという決意があるのなら『安保廃棄』ということをはっきりと打ち出すべきだと思うんですよ」

この対談を読んで、新右翼の運動に飛び込んできた人も少なからずいたと聞いております。

「左翼血盟団」への共感

——戦後右翼の多くが親米的になり、日米安保肯定の立場をとるようになる中で、この対談が与えたインパクトは大きかったでしょうね。

山平 鈴木さんは、安保と憲法の二つを同時に打倒しなければいけないと強調していたのです。しかし、やがて鈴木さん自身が護憲派になってしまいました。それが私ならずとも不思議な話で、何より「憲法改正」に生命を賭し、自決した森田必勝の衝撃、彼に対する負い目から鈴木さんは出発したのではなかったのか——との疑問はありますね。

今の若い人には信じられないでしょうが、鈴木さんは若い頃は武闘派として知られていたのです。左翼のヘルメット学生が何百人もいる中に、数人で飛び込んで戦ったような人なのです。すぐ手が出ることで有名でした。ところが、やがて鈴木さんは暴力否定の立場に変わっていきました。

鈴木さんは人間的には親しみの持てる方で、私もお世話になりました。著書の『連合赤軍物語』の解説を書いていただいたこともありました。だから、三月二十三日のお別れ会にも出席したのですが、私はそこで強い違和感を覚えました。追悼の挨拶をしたのは、福島瑞穂さんや鳩山由紀夫さんといった人たちであり、民族派の姿はほとんどありませんでした。鈴木さんの死去について大きく取り上げたのも、主に左派のメディアです。朝日新聞は天声人語でも取り上げました。なぜ、左の陣営にこれほど持ち上げられるのか、そしてまた、思想は違うといえど、〈赤軍派〉や〈狼〉に対する情念的なシンパシーというならまだわかりますが、それがなぜ鳩山や福島に行き着いてしまうのか、違和感というか、私にはまるでわかりません。

鈴木さんは、昭和五十年に『腹腹時計と〈狼〉』を書いて注目を集めました。「狼」とは、一連の企業爆破事件を起こした東アジア反日武装戦線〈狼〉のことであり、「腹腹時計」とは、このグループが「都市ゲリラ兵士の読本」として発行した彼らの〝経典〟を指していました。

彼らはごく普通のおとなしい青年たちで、日常生活においても身を律したストイックな生活に徹していました。彼らは皆一様に青酸カリ入りのペンダントを持ち、うち一人は逮捕後に自決しました。猪野さんは、彼らを「左翼血盟団」と呼びましたが、そんな彼らの思想に殉ずる姿勢に鈴木さんも共感していたのでしょう。

猖獗を極めた新左翼運動ですが、当時の学生運動なんて、ほとんどが時代の流行に乗っただけの遊び半分、いわばファッションといっても過言ではなかったと思います。そうした中で、〈連合赤軍〉や〈狼〉のように最後まで革命を目指し、命を賭け、行き着くところまで行った一群もある。そうした部分に心情的な共感があったというのは、私もわかります。

平泉澄門下と『論争ジャーナル』

―― 新右翼には戦前の維新運動への原点回帰という側面があったと考えていいのでしょうか。

山平 野村秋介さんが経団連事件で財界に牙を剥いたのは、反体制右翼への原点回帰を訴えたという面も強かったと思います。三島事件同様、経団連事件に影響を受けて民族派運動に飛び込んだ人も少なくなかったですよね。

日教組や共産党の本部ではなく、経団連本部がターゲットだったということに大きな意味合い、本質があったと思います。

―― 新右翼には戦前からの國體思想の影響もあったように見えます。

三島由紀夫氏

山平 三島由紀夫を魅きつけた『論争ジャーナル』の創刊において重

要な役割を担った中辻和彦と万代潔は、戦前の皇国史観のイデオローグ・平泉澄につらなる人物でした。『論争ジャーナル』を陰に陽に応援していたのも、平泉門下の村尾次郎や田中卓といった人たちです。中辻らは、これらの人物をたどって、三島由紀夫、石原慎太郎、林房雄、村松剛といった作家や学者、評論家などの文化人を誌面に登場させようとしたのです。民族派学生と『論争ジャーナル』の結びつきもまた、平泉の流れをくむ早大生・持丸博によって生まれたものです。持丸は三島から全幅の信頼を受け、楯の会の初代学生長になりますが、後に袂を分かつことになります。

ただ一筋に維新革命の志に生きた三浦重周

――新右翼学生運動の出身者が、安倍政権を支える日本会議の中枢メンバーになったことは皮肉な結果です。

山平　私は、『果てなき夢』で、日本会議の中枢を担う事務総長の椛島有三氏、「日本会議国会議員懇談会」に所属する衛藤晟一氏、同政策委員の百地章氏といったメンバーの、新右翼学生・青年組織の活動家時代のことを描いています。そのため、『果てなき夢』は、不本意ながら、日本会議ブームに火をつけた菅野完さんや青木理さんの著書の中でも引用されました。引用以上のものがありましたけど（笑）。左派の連中に私の本がうまいこと利用されたなという感を強くしております。

――日本会議は、Ｙ・Ｐ体制打倒どころか、政権の応援団のようになり、Ｙ・Ｐ体制の補完勢力になってしまっているといったら、言い過ぎでしょうかね。あれは決して新右翼が見続けた「果てなき夢」の結実などというものでは断じてありません。

――経団連事件以後も新右翼によるいくつかの事件がありましたが、いまや新右翼の事件は起こりません。牙を抜かれてしまったということでしょうか。

山平　平成十七（二〇〇五）年十二月十日に新潟港の岸壁で見事な割腹自決を遂げた三浦重周さんの生き方は立派なものでした。日学同の委員長をつとめた三浦さんは早稲田大学中退後も就職せず、一貫して民族派運動に挺身し、「決死勤皇　生涯志士」を座右として、ただ一筋に維新革命の志に生きた人物でした。

『いま君に牙はあるか』と題した本を書いた野村秋介さんが常に言っていたのは、右翼民族派は牙がなくなったらお終いだということでした。いまや、ネトウヨのような勢力が力を持つ時代になっていますが、ネトウヨと本物の右翼は本質的に異なる存在です。國の子評論社社主の横山孝平さんが指摘している通り、右翼は顔をさらして、自分たちの思想については責任を負うという姿勢ですが、ネトウヨはネットの匿名性と集団性に隠れて、勇ましいことをいっていればすんでいるスタイルです。自分が安全なところでしか、人を批判したり、糾弾したり、煽ったりすることしかできない人が増えているということです。

野村さんは、「左翼が人民の〝前衛〟であるならば、民族派は国家の危機を察知する〝触覚〟の役割を担わなければならない」と語り、肉体言語を駆使して権力悪や巨大な不条理に立ち向かいました。こうした野村さんの精神を継承してこその新右翼だと思います。

真の愛国者・鈴木邦男

「大愚叢林」庵主　花房東洋

鈴木邦男の天皇信仰は不動であった

鈴木邦男は真の愛国者だった。真の活動家だった。「変節した」と謗る向きもあるが、彼の天皇信仰は不動であったと信じている。

鈴木の左翼やリベラルとの交流は、敢えて敵陣に乗り込み、宣撫工作をしていたのだと思う。「虎穴に入らずんば虎児を得ず」の戦法だ。

私と鈴木との交友は六十年に及ぶ。初めて彼と出会ったのは、昭和三十九（一九六四）年十二月、生長の家本部道場であった。

私が生長の家の道場で修行をしようと決意したのは、熊本の伯父（済々黌高校校長）の訓育と京都の伯母（生長の家草創期メンバー・白鳩会全国副会長）の神縁によるものであった。

当初、私は山梨県にある河口湖道場を志望したのだが、ある事情により叶わず、東京都調布市飛田給にある本部道場に行くことになった。

当道場は、昭和二十三（一九四八）年五月「人間は本来神の子である」という生長の家の真理に基いて、人類光明化運動を担う人材育成の場として開設された。

道場生になるに当り、道場職員の野尻稔による面接が行われた。野尻は、元関根組（松葉会の前身）の幹部で、殺人の罪を犯し、網走刑務所に服役していた。そのとき、生長の家の聖典「生命の実相」と出会い改悛し、出所して当道場に直行したという経歴の人物であった。野尻のことは、日活から「鮮血の記録」という映画になり、小林旭が演じている。

野尻は五年後に迫る七〇年安保における左翼革命の危機を説き、そのためには「日本を死守せねばならない」と力説され「君も共に闘おう」と熱く訴えられた。私は、この人について行こうと決意したのである。

道場での生活は午前四時半に起床、国旗掲揚・皇居遥拝・国歌斉唱の国民儀礼に始まり、聖経「甘露の法雨」奉読・神想観（正座・瞠目・合掌し三十分間、黙想する座禅のようなもの）を行じた後、それぞれの与えられた作業（これを〝献労〟という）につくのである。それが終わると、ようやく朝食にありつくことができた。

道場の任務のかたわら、私は率先して野尻の個人的な身の回りのお世話をした。そのことで、野尻が持つ生長の家以外の人脈が拡がった。生涯の師となる三上卓の知己を得ることができたのも、野尻の刑務所仲間であった三上の側近・青木哲の縁による。

左から鈴木邦男氏、花房東洋氏、木村三浩氏。
五・一五事件80周年「大夢祭」にて（平成24年5月15日）

完膚なきまでに打ちのめしてくれた鈴木邦男

昭和四十年一月、野尻の提唱により、本部直属行動隊が結成された。第一分隊・学生道場、第二分隊・本部道場、第三分隊・本部とし学生道場生・本部道場員・本部職員の中より選抜された者によって編成された。

左翼革命阻止の前衛隊として組織された当行動隊の第一回研修会には軍事訓練は素より「模擬論争」とい

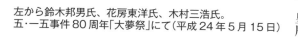

う課程があった。それは一人を残りの者全員が「左翼」となって囲み、「天皇」「日米安保」「現行憲法」などについて論争を挑むのである。

私は、第一分隊・学生道場の理論派に囲まれた。しかし、心意気は誰よりも負けないつもりであったが、体系だった学問をしていないので、言葉に詰り、言い負かされてしまった。

模擬論争で理論的に完膚なきまでに打ちのめし、私に一念発起させてくれたのが、第一分隊・学生道場の道場長をしていた鈴木邦男であった。当時、鈴木氏は早稲田大学政経学部三年で、生長の家学生会全国総連合に所属し、書記長として活動していた。

鈴木に論破された悔しさのあまり、私は「この野郎!!」と言って彼に馬乗りになり首をしめた。それでも、彼は冷ややかな顔で笑っていた。

その悔しさがバネとなって私は谷口雅春師の「限りなく日本を愛す」「日本を築くもの」「我ら日本人として「青年の書」などを読み漁った。そして、早稲田大学に通う練修生の阪田成一（後に青年局長や本部道場責任者となる）から借りた「天皇絶対論とその影響」の文中の「天皇信仰」を何度も何度も筆写したのだった。

天皇への帰一の道すなはち忠なり。忠は　天皇より出《い》でて　天皇に帰るなり。　天皇は一なり。ハジメなり。一切のもの　天皇より流れ出て　天皇に帰るなり。わが『忠』、わたくしの『忠』、我輩の『忠』などと云ひて、『我』を鼻に掛ける『忠』はニセモノなり。私なきが『忠』なり。

天皇は　天照大御神と一体なり。天照大御神は　天之御中主神と一体なり。斯くして天皇はすべての渾《すべ》てにまします。『忠』の本源は天之御中主神《あめのみなかぬしのかみ》の『御中《みなか》』の理念より発して再び天之御中主神に復帰するなり。　天皇を仰ぎ、天皇に帰一し、私なきが『忠』なり。わが『忠』を誇るとき、もうそれは『忠』にあらず、『我』となるなり。（後略）

無条件で受け入れられる男

その後、私は関西において「青年日本の会」を組織し反共運動に取り組んでいたが、昭和四十四（一九六九）年十一月、三上の「岐阜に行け」という一言で、岐阜に転居して活動を開始した。三上が亡くなったのは二年後のことである。

昭和四十九年（一九七四）八月一日、鈴木邦男と十年ぶりに再会することになる。

三上の盟友・片岡駿に随行し、静岡県浜松市で開催された全国復元憲法代表者会議に出席したときだ。片岡の神兵隊事件からの同志である中村武彦に紹介されたのだが、中村に随行していたのが、鈴木邦男と犬塚博英であった。

鈴木との再会は、岐阜の地において孤立無援の運動をしていた私にとって心強いものがあった。同年十月三十日、岐阜市木の本公民館で、第一回大夢祭を開催した。三上の御遺志を踏襲し、その悲願達成のため精進すべく三上の若き日の号である「大夢」を頂き「大夢祭」と命名した。

鈴木とは、この再会以来、交友を深めてきた。私にとって鈴木は無条件で受け入れられる人物だ。晩年の鈴木については、様々な評価があるだろうが、彼は彼なりの信念と責任において人生を全うした。今は黙して冥福を祈るのみである。

（文責・坪内隆彦）

三上卓と野村秋介「日本とは天皇なんだ」

二十一世紀書院代表　蜷川正大

経団連事件の衝撃

――野村秋介さんが昭和五十二（一九七七）年三月三日に起こした経団連事件は、社会に大きな衝撃を与えました。野村さんがこの事件を起こした目的は何だったのでしょうか。

蜷川　「財界が、経済至上主義によって、日本の文化と伝統を培ってきた我々の大地、うるわしき山河を引き裂いている」。野村先生はそのような憤りから、敢えて経団連を標的にしたのです。しかも、財界は戦後のナショナリズムを巧みに反共にすり替え、企業防衛の思想へ転化させてきました。野村先生は、こうした財界の姿勢は容認できないと考えたのです。

当時は、左翼勢力が「右翼は財界の手先だ」と批判していた時代です。実際、日本の共産主義化を恐れる企業は、反共を掲げる右翼団体を支援していました。そうした時代だっただけに、この事件は大きな衝撃を与えることになったのです。評論家の猪野健治さんは、この事件を、反共一辺倒で体制擁護派と誤解されてきた戦後の右翼が、右翼本来の姿勢を明確に打ち出し、アピールした極めて象徴的な事件だったと位置付けています。

――野村氏は、経団連事件を起こす過程で、戦後の既成右翼と一線を画するようになっていました。

蜷川　野村先生は、昭和三十八（一九六三）年七月十五日、河野一郎邸焼き討ち事件を起こして逮捕され、懲役十二年の実刑判決を受けました。

「日本とは天皇なんだ」

野村秋介氏

刑務所というのは社会の縮図であり、不条理がまかり通る世界なのです。口答え一つ許されない社会です。私も少しばかり経験がありますが、本当に不条理を感じました。その中に自分が身を置き、耐えるのか、戦うのか、改革するのか。戦ったり、改革したりしようとすれば、それがそのまま自分に跳ね返ってくるわけですよ。

野村先生は獄中で死のうと考えたこともあったそうです。しかし、やがて「死ぬべき時に死ねないヤツはダメだが、死ぬべき時ではないのに死ぬヤツはもっとダメだ。俺が獄中で耐えれば済むことだ。ここで死ぬべきじゃない。俺は、戦闘者として社会の不条理との戦いに、死に場を求めるべきなんだ」と思い直して、獄中生活を耐え抜いた。そんな話を、私は何度か聞いたことがあります。

野村先生は十二年間獄中にいて、娑婆に出たとき、「十二年間、大変だったでしょ」と尋ねられると、「君たちこそ、戦後体制という監獄の中にいるんだ。俺は獄中の中にいたけど、かえって自由だった。君たちこそ、戦後体制の中で雁字搦めになっているんだ」と言いました。

野村先生は、十二年間獄中にいたからこそ、世の中の雑音を耳にすることもなく、自分の考え方を純粋培養し続けることができたように感じます。だからこそ、十二年ぶりに娑婆に出てきた時、変わり果てた日本の姿に大きなショックを受けたのでしょう。

昭和五十年に出所して戦線に復帰された野村先生は、新右翼運動と関わりを急速に深めていきます。経団連事件を起こすまでの二年間に、野村先生は初期一水会メンバーの鈴木邦男さん、犬塚博英さん、阿部勉さん、四宮正貴さんらと交流を深め、お互いに刺激を与え合いました。こうして、ヤルタ・ポツダム（Y・P）体制打破を掲げ、既成右翼とは異なり、安保と憲法をワンセットのものとしてとらえるようになったのです。

「奴隷の平和」、「魂なき繁栄」を否定

――『現代の眼』（昭和五十一年二月号）に載った、野村さんと鈴木邦男さんの対談「反共右翼からの脱却」は大きな影響を与えました。

蜷川　野村先生は、戦後日本は砂上の楼閣だと考え、日米安保のもとに構築された「奴隷の平和」、「魂なき繁栄」を否定するようになりました。

ただ、戦後の既成右翼が反共を前面に出したのは、時代の要請だったと思います。安倍元総理の暗殺事件以来、旧統一教会の問題が表に出てきましたが、戦後の右翼は反共が主要なテーマでしたので、国際勝共連合とも共闘していたのです。今考えれば、とんでもないと思われるかもしれませんが、当時は左翼運動が全盛期であり、「左翼にあらずんば人にあらず」といった風潮であり、左翼に対抗する右派の数が必要な時代だったのです。

我々が運動に入った頃は反共運動が主流でした。赤いものを見れば、「この野郎！」と言うような時代です。だから、日米安保を堅持し、ソ連や中共に対峙しなければ維新はできないというのが、戦後の右翼運動のスタートだったと思います。

――新右翼運動は何を達成したのでしょうか。

蜷川　残念ながら、今振り返ると新右翼運動に身を投じて最期まで初志を貫徹した人はごく僅かで、日学同の出身者の中には政治家になったり、自民党の応援団になったりした人もいます。

一方、新右翼のスターとされてきた鈴木邦男さんからは、私自身も多くのことを学びましたが、晩年の鈴木さんの「変節」は残念です。

節義を全うして亡くなった野村先生や三浦重周さんは何だったのか、と思わざるを得ません。新右翼運動は野村先生で終わったのではないでしょうか。

――蜷川さんが野村さんと出会ったきっかけは何だったのですか。

蜷川　私は三島事件に触発されて右翼運動に入りまし

たが、既成の運動に飽き足らないものを感じるようになっていました。そこで私は、昭和五十年に横浜青年政治研究会という勉強会を立ち上げ、中村武彦、毛呂清輝、北上清五郎といった民族派の重鎮の諸先生や大場俊賢、鈴木邦男、阿部勉、犬塚博英などの諸先輩も講師としてお招きし、ご指導を賜るようになりました。戦線復帰した野村先生の復帰第一声も、その勉強会でした。

野村先生から「君はどんな本を読んでるんだ」と尋ねられた私は、当時読んでいた『銃口は死を超えて』(徳岡孝夫著、新人物往来社)の話をしました。同書は、テルアビブ空港銃乱射事件の実行犯で日本赤軍のメンバーだった岡本公三の裁判全記録を収めた本です。私が、「日本赤軍が目指しているパレスチナとの連帯は、本来日本の右翼がやることではないでしょうか。頭山満先生をはじめとする日本の民族派の先輩たちは孫文の辛亥革命を支援しました」と言うと、野村先生は「そういう考えを持っている人は何人かいるのか」と言いました。

こうして、私の勉強会の講師で来ていた阿部さんや犬塚さんや鈴木さんと野村先生との交流も始まったのです。

三上卓と野村秋介―「この男のためならば、命をかけられる」

―野村さんは、どのような皇室観を持っていたのでしょうか。

蜷川　皇室は、万葉の時代のように、おおらかな存在であってほしいと考えていたようです。野村先生は、陛下が大元帥で坐しました時代、武装天皇制の時代は、明治以降のわずか百年間に過ぎず、その時代の天皇の在り方だけを見ることは、木を見て森を見ないようなものだと考えていました。皇室の存在とは、山紫水明の日本列島そのものだというのが、野村先生の考え方でした。

野村先生は自決する際、「天皇陛下万歳」ではなく、大和言葉で「すめらみこといやさか」と叫びましたが、その一言に野村先生の天皇観、皇室観が凝縮されていると思います。

明治以降の時代は、わが国が欧米列強の植民地にならないように、自ら帝国主義をとらざるを得ない時代でしたが、野村先生はそうした時代を全く評価していませんでした。

ただ、特攻隊の人たちのことは、深く尊敬していました。自裁するときに記した檄「天の怒りか　地の声か」には次のように記されていました。

「神風特攻機は二千八百四十三機飛び立ち、二百四十四機が敵艦に突入したと記録にある。英霊よ、安らかに眠れ。いつの日か必ず有色人種である日本人が、白色人種と三年半にわたって死闘を展開した、真なる意味が何であったのかは、後世の史家が明らかにしてくれるであろう」

――野村さんは昭和維新運動に挺身した先駆者から影響を受けています。

蜷川　野村先生は三上先生から強い影響を受けました。ただ、野村先生が尊敬し、師事した人は三上先生に限りません。葦津珍彦先生、影山正治先生、毛呂清輝先生、中村武彦先生の五人は、生涯大事にしていましたね。野村先生は葦津先生のご自宅に呼ばれると、ずっと正座していました。

特に野村先生が三上先生から影響を受けたのは、俳句と禅です。三上先生を知る上で欠かせないのが、三上先生の俳句ですが、野村先生を知る上で欠かせないのも、野村先生の俳句です。三上先生の句にも、野村先生の句にも、自分が求めている日本の姿が詠まれているからです。

三上先生の句集『無韻』と野村先生の句集『銀河蒼茫』には、無常観、禅の思想に通ずる点で大きな共通点があると感じます。野村先生は三上先生と何度か禅寺に行っていました。

野村先生は、常々「相討ちの思想」が大事だと言っていましたが、これも禅の思想に基づいた発想です。

「巨大な権力と戦おうとするとき、勝とう思ってはいけない。勝とうと思うと、必ず心に隙ができる。その隙が奢りを生み、倒すことより己を守ることを考えてしまう」

「相討ちでいい」と思った時に、捨て身になれるという考え方です。たとえ相討ちに終わったとしても、傷つくのは巨大な権力の方なのです。これは、特攻隊の思想にも通じます。相手の戦艦を沈めることができなくても、相手に対する精神的ダメージを与えることができるからです。

三上先生は昭和四十六（一九七一）年十月二十五日に亡くなりましたが、その一カ月前に、千葉刑務所を訪れ野村先生と面会しています。六年ぶりの再会でした。野村先生が三上先生門下の青木哲先生に宛てた「大いなる落日」によると、面会の際、三上先生は「天皇の問題はどうか。しっかり自分のものになったか」と、野村先生に問われたそうです。野村先生が自分なりに明確なものになっている旨応えると、三上先生は大きく頷き、「よし。結局はそこへゆくからな。日本とは天皇なんだ」と激しく語られたそうです。

中伊豆・萬城の滝前の三上卓氏。この写真撮影直後に急逝

野村先生は、青木哲先生からの電報によって、三上先生の逝去を知らされました。私はその電報を保管してきましたが、五月に岐阜護国神社に開設される「青年日本の歌史料館」に寄贈することにしました。

野村先生は、三上先生逝去の報に接したときの心境を、

不覚なる涙が菊に散りにけり
白菊の白が溢れてとどまらぬ
傷痕の深き山河の露しぐれ
白露の玉が砕ける顔に手に
轟然と秋の落日宙にあり

と詠んでいます（『銀河蒼茫』）。

野村先生は獄中にいて、三上先生と離れている時間が長かった分だけ、三上先生にのめり込み、憧れの気持ちを強く抱いていたのだと思います。

「この男のためならば、命をかけられる」。野村先生にとって三上先生はそういう存在だったのでしょう。

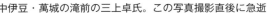

反共右翼から脱却した日

一水会副代表　番家　誠

鈴木邦男さんの講演を聞いて展望が開けた

――番家さんが右翼運動に入ったきっかけは何だったのですか。

番家　私は、島根県隠岐の島で育ち、昭和五十二（一九七七）年に岡山商科大学へ入学しました。三回生の頃、大学武道系サークルＯＢと現役学生で組織されていた「憂国青年連盟」へ誘われて参加しました。

隠岐の島で生活していた私には竹島問題は身近な問題でしたし、後鳥羽、後醍醐天皇の歴史については課外授業で勉強していたこともあったので、右翼運動に入ることにはそれほど抵抗はなく、すんなりとのめり込んでしまいました。

活動は、日教組粉砕・北方領土奪還・憲法改正をスローガンとした街宣活動が中心でした。武道部系の出身者ばかりだったので、当然武道訓練もありました。岡山県警現職警官が開いていた日本拳法の道場へ参加して現職警官とともに汗を流したこともありました。

岡山県の奈義町の自衛隊周辺にあった自衛隊反対の左翼のアジトを襲撃したり、県教祖大会会場へ発煙筒を放り込んだりと過激な活動も行っていました。当時は、それが右翼運動だと思っていましたし、若さゆえに機動隊と対峙する緊張感を楽しんでいました。

組織拡大を目指して大学内に設けた「文化思想研究会」の会員は、一時四十名以上にまで膨れ上がりました。危機感を感じた学校側は、岡山県警と協力して生徒を一人ずつ呼び出して脱会を画策、解散に追い込まれてしまいました。我々が、学生集会で、大学に日章旗が上がっていないとして学長を糾弾したりしたことも、気に障ったのでしょう。おかげで私も六回生まで頑張って卒業を目指しましたが、卒業させてくれませんでした。授業へ行かず運動ばかりしていたのだから、仕方ないのですがね。

「街宣しても聞いてもらえない」「自己満足に過ぎないのでは?」と思うようになるのに、それほど時間はかかりませんでした。

昭和五十六(一九八一)年頃、に香川県の高松市で現在維新政党・新風代表の魚谷哲央さんの声掛けで、「維新懇話会」が開催されました。そこで講演をしたのが、鈴木邦男さんでした。鈴木さんは、反共右翼からの脱却を訴えました。我々憂国青年連盟から五人くらいで参加したのですが、鈴木さんの話を聞いて、運動に対する展望が開けたと感じたのです。

そして、初めて手に取った機関紙レコンキスタを皆で回し読みしました。その後、私が団体を代表して上京し、一水会事務所で修行をするようになりました。当時、事務所は高田馬場の焼鳥屋宝来屋の二階にありました。

反米抗議行動第一弾・ディズニーランド建設反対

――どのような修行ですか。

番家 修行といっても、朝起きて義勇軍のヘルメットをかぶり、高田馬場駅前のビッグボックス交番への抗議活動だ。ハンドマイクで抗議を始めると、すぐに百人程度は集まってきます。テンションが上がって抗議を続け、確保されそうになると撤退です。当時の一水会は、反体制・反権力を前面に掲げ、権力側に対して多彩に抗議活動を展開していました。

午後からは、田中角栄邸への街宣抗議から始まり、時には三里塚まで足を延ばし極左との対峙を経験しました。これは非公式の活動なのですが、ディズニーランド建設に反対して、浦安の建設事務所を急襲したこともあります。この活動が、反米抗議行動の第一弾だったのではないかと思っています。まだ、池子米軍基地反対運動を展開する前でした。

当時は、機動隊の主力が三里塚での極左の集会に向けられ、浦安の建設事務所の警備は手薄だろうという判断でした。案の定、かき集めた警察官しかおらず、こちらは旗竿で攻撃し事務所まで前線を押し上げたところで、千葉県警の応援部隊が来ました。そこで一斉に撤収しました。首都圏での運動は違うなと興奮したものです。

ある日、池袋駅前での停止街宣、流し街宣しか経験していなかった私に、鈴木さんは「番家君、上がって喋ったら？　何でもいいから。どうせ誰も聞いてないし、修行だよ」と軽く勧められて壇上に上がり、シドロモドロでしゃべったのが懐かしく思い出されます。

「やってみたら」。軽いノリで発する鈴木さん言葉で、何度も背中を押されました。不定期開催ですが、「レコンキスタ読者の集い」を現在も続けられているのは、「やってみれば」という鈴木さんの言葉のおかげです。

「こんな運動をしてみようと思うんですが」と言うと、鈴木さんは必ず、「いいんじゃない、やってみたら」と言ってくれました。止められたことはありませんでした。

「まずやってみろ。やる限りは勉強してやれ。負けても再挑戦すればいい」、「活動家は、ビラ張りができて、原稿が書けて一人前だ。一カ月に一冊は本を読むように！」

私が岡山という地方で活動を続けられたのも、そんな鈴木さんの言葉を常に心がけてきたからだと思います。

岡山新空港建設反対運動――『友よ山河を亡ぼすなかれ』の感化

――番家さんは、岡山新空港建設反対運動も展開しました。

番家　レコンキスタを熟読し、新しい運動形態を模索していた頃、野村秋介先生の『友よ山河を亡ぼすなかれ』（昭和五十三年）が発売され、強い感化を受けました。当時、岡山空港が新設される事に対し、「既存の空港があるのに、山河を切り開き新空港建設するのは我々の祖先が守り続けた麗しき山河を亡ぼすことだ。許してはならない」と考え、岡山新空港建設反対を打ち上げたの

です。

むしろ旗を立てて岡山県庁に座り込んだり、県庁内駐車場から知事室へ向けて、宣伝カーでエンドレステープの抗議街宣をしたりしました。さらに、県庁各課へビラを配布し、夜間に県庁の周りのフェンスへ反対看板を設置しました。今なら即逮捕ですが、当時はこうした手段も用いて徹底的な反対活動を展開しました。

当時は、空港反対は左翼がやるものだという固定観念もあり、他団体が「有事の際には空港があった方が防衛に役立つ。すぐに反対活動をやめろ！」と抗議してきました。しかし、当時の憂国青年連盟代表は断固としてそれを跳ねのけました。

空港建設予定地に作られた県の事務所への抗議街宣は徹底したものでした。当時は、道路整備ができていなかったので、職員が県警を呼んでも到着まで一時間はかかりました。その間に、爆竹や花火も使って抗議行動を行いました。今振り返ると、よく逮捕されなかったなと思います。田んぼのあぜ道にも、ベニア板六枚の空港建設反対の看板を立てました。これも、今なら即撤去、逮捕です。

しかし、反対活動をどんなに徹底的に行っても、世論は動きませんでした。マスコミも我々の活動を一切無視しました。そこで、団体としての決着をつける方向性を模索しました。知事室を占拠して空港反対を訴える案も出ましたが、最終的に代表者二人が県の空港建設事務所内を破壊し、抗議文をマスコミへ提出することで決着をつけることになりました。

しかし、マスコミは我々の逮捕だけを報道し、我々の訴えを全く報道しなかった。口惜しさと、喪失感にかられました。そんな時、鈴木さんの言う「右翼には言論の場が与えられていない」との言葉が胸にしみました。そこで、一水会全国組織化に向けて、憂国青年連盟を発展的解消し、一水会岡山として参加することにしたのです。

日本政府は目を覚ませ

―― 一水会は一貫して対米自立を唱え、独自の外交政策を提唱してきました。

番家　戦後体制を否定し、対米自立を目指して今日まで組織の維持し、機関紙レコンキスタを継続できたの

は、鈴木邦男・木村三浩代表の尽力のたまものです。

ただ、未だに「日本の安全保障をアメリカに依存しているのだから、多少国益を失うことは仕方がない」という考え方が、親米右派だけではなく、国民全体を覆っています。

こうした中で、ここ数年一水会は「世界愛国者会議」の開催など、大きな成果を上げてきました。昨年は、原爆被爆地広島において反核シンポジュームをロシア大使館と共催し、マスコミの前でガルージン大使が「ロシアは核を絶対に使わない」と宣言する場を作ることができました。

いま日本では、ウクライナを擁護することは善であり、ロシアを擁護することは悪であるという考え方が強まっていますが、そうした考え方を疑う必要があります。

岸田政権がアメリカ一辺倒の外交を続け、アメリカのお使いをしている姿を見ても、「ウクライナのためだから仕方ない」と考えてしまうのも、ウクライナ擁護が善だと信じ込んでいるからです。

ウクライナ紛争が終結した場合、日本政府がロシアとの外交をどう展開していくのか非常に心配です。Ｇ７議長国として５月の広島Ｇ７サミットで世界各国にお金をばらまき、ロシアへの経済制裁を先導するような外交が、平和をもたらすとは思えません。

ロシアの恨みを買い、ロシアとの貿易を行ってきた日本企業の活動は頓挫し、北方領土問題は白紙になるでしょう。しかも、第三国経由でロシアとの貿易で莫大な利益を得ている国があることを日本政府は黙認しています。岸田総理は、Ｇ７で平和へ向けた宣言を発し、オバマ大統領のようにノーベル平和賞をとろうとでも思っているのでしょうか。日本政府だけではなく、マスコミ、国民も目を覚ますべきだと思います。

三島事件と平泉門下

前呉市長・日本学協会代表（常務）理事
小村和年

森田必勝らと千早鍛錬会に参加

――小村和年さんは広島県の呉市長を三期務められた後、日本学協会の代表（常務）理事に就任されました。日本学協会は歴史学者の平泉澄博士の学統を継ぐ団体ですが、青年時代は作家の三島由紀夫氏や楯の会の会員とも交流があったと伺っております。

小村　高校卒業後、私は希望した進路に進めず、就職することにして、税務大学校に行きました。昭和四十二年には実習も兼ねて呉の税務署に配属されていましたが、どうしても気持ちの上で収まりきれず、人生を模索して、色んな本を手当たり次第読んでいました。その時偶々《たまたま》目にした『高杉晋作と久坂玄瑞』という本にものすごく感動して、自分一人で考えても駄目だと気づきました。高杉にしても、久坂にしても、エネルギーはあったけど進むべき方向が見出せない。吉田松陰に会って初めて方向が出て来るわけです。松陰のような先生を見つけなくてはいけないという思いに至り、高等学校の時に授業を受けた花田惟忠先生（靖國神社の元権宮司・花田忠正氏の父）を訪ねることにしました。

花田先生は昼間でも酒の臭いのするようなところのある方でしたが、剣道の達人で、東大時代は平泉澄教授の青々塾で学んだ人でした。丁度そのときに千早鍛錬会というものがあって、そこで勉強してみないかと誘われ参加したのが昭和四十二年夏でした。

そこでは大体十人ぐらいが一つの班になって、先生方の講義を聴いただけでは学生にはわからないので班長の指導を受け皆で議論をしました。その班の中に森田必勝君がいました。他の人たちは皇學館大学等で既に指導を受けて来ていましたが、班の中で森田さんと私は初めてで、お互いに日本の国はわかるけど、どうしてそんなに天皇陛下が大事なんだっていうことはわからず二人で遅くまで話をしました。

これはやはり大学に行かないと駄目だと思って、そこで税務の道をやめて、翌年（昭和四十三年）中央大学に入りました。東京でアルバイトをしながら自分で行けるとしたら唯一中央大学がとても安かったからです。入ってみると、当時は学校の中は先生も周りも殆ど左翼ですから、私もそういう勉強もしていました。

空手道場での三島由紀夫

――三島由紀夫氏との出会いもその頃でしたか？

小村　O君という高校の同級生が色々な所へ連れて行ってくれていたのですが、その一つが三島由紀夫さんのところで、もう一つが田中卓先生の国史研究会でした。

三島先生のところへ連れて行ってもらったのは、手帳を見ると四十三年の六月九日でした。碑文谷の警察署で剣道をやっていて、終わった後は高価な鰻を御馳走になりました。三島先生という方は人の話もちゃんと聞くし、すごく優しい方でした。あの頃後楽園の道場で空手もやっていて、私も税務大学校時代にやっていたものですから、三島先生といっしょにやろうかという話になりました。空手では何回か一緒に汗を流して、風呂に入って背中を流したりもしました。三島先生から、自衛隊の体験入隊をするから来ないかと誘われ、私は行くつもりにしておりましたが、丁度そのとき母が入院し、看病のため帰省しなければならなくなりました。私は行きたかったのですが、母を措いて行くこともできず、今思うとこれが人生の岐路になりました。あの時行っていたら全く違った人生を歩んでいたかもしれません。

青々塾での平泉門下との出会い

――平泉澄博士の青々塾に入ったのも、丁度学生運動が盛んだった時期と重なっていますね。

小村　昭和四十四年の二月に何でもないことで大学はストライキに入りました。四十五年の安保条約改定を控え東京の大学はもうストライキをしないのは時代遅れみたいな雰囲気でした。四十四年に入った頃から安保闘争と学園紛争が一体化して激しくなり、東京の都心は不穏な空気に包まれていました。

　七月五日に教科書裁判があり、そこで村尾次郎先生が証言するということを友人から聴き、傍聴に行きました。裁判の傍聴に来る人の八割ぐらいが家永三郎の応援団で、村尾というのは悪の権化みたいに言われていました。私らだけが村尾先生の応援団みたいな感じでした。

平泉澄氏

　その一週間後（七月十二日）に反対尋問があって、今度は家永氏側の尋問なので、調査官の村尾先生が検定について恣意的にやっているような心証を生むようにものすごく厳しい尋問をするわけです。それを朝十時から延々と相当遅くまでやりました。大勢の敵を相手に村尾先生が一人で斬り結んでいるという状況で、学問の力というものを感じました。

　それをずっと見ていて、私も本を読んであちこち出入りしていたけど、本気で学問しなきゃ駄目だという気持ちになりました。何しろ授業が全くなかったわけですから、ふわふわしていてちゃんとした学問をしないで卒業すれば、本当に中途半端な人間で終わってしまうという危機感が湧いてきました。

　そうしているうちに、九月十三日に一橋大学で三島先生のティーチインがあり、O君と一緒に参加しました。一方、中野の青々塾で毎週土曜日に先輩の講義があって、友人に誘われて参加しました。それが運命の分かれ目でした。そこに、後に文部次官になる先輩が来られていて、ルソーの『社会契約論』の講義をしておりました。高校の恩師の花田先生は旧制広島高等学校の先輩だということで、非常に懇切にして頂きました。その方から自宅に招かれ、青々塾に入ることを勧められ、入塾の決意をしました。
それからは特に塾頭代行の近藤啓吾先生から「学問するんだったら、『異端を攻めず』（論語）という言葉があるように、色んなものをあちこち摘まみ喰いするような勉強の仕方をするんだったら物知りの雑学になるだけで意味がない」と教えられ、平泉先生の歴史とそこで紹介されている古典をしっかり読み込むということを三年ぐらい続けました。その一方で、公務員試験の勉強もありましたから、それで、三島先生や楯の会の人達と付き合うということが、半分切れました。

その後の楯の会

――その後も楯の会との接点はあったのですか？

小村　青々塾に入ってからは、流石に三島先生や持丸さんに会うということはありませんでしたが、もともと心情的には非常に近いものがあり、会には先程のO君をはじめ何人もの友人がおりましたから、その人達から、よく話は聴いておりました。そうしているうちに、私が紹介して楯の会に入った友人から、もしかしたら三島先生は直接行動をするんじゃないかというような気がするって言ってきました。民兵構想はありましたが、あの時期、民兵という国の組織が出来るとも思われず、楯の会がこれから先どうなるのかという思いはありましたが、まさか直接行動するというような想定は当時は誰もしていなかったと思います。
私は、当然三島先生の傍には持丸さんがおるものだと思っていました。ところが、持丸さんがやめて森田さんが常に傍にいるようになりました。それが何故かというのは、間接的には色々な事を聴いていましたが、血盟の関係が解消されるというのは、余程の事情があったのだろうくらいに思って深入りしませんでした。忠臣蔵の寺坂吉右衛門（吉良邸から逃亡）ではないかっていう人もいたし、色んなことが書かれていますが、本当のことは分かりません。ただ、こういう命懸けで一緒に行動をした人というのは、大体口が堅いです。皆私と同じ年代ですが、恐らく棺を覆うまで口を開くことはないと思います。そういう中で、持丸さんは、森田さんが死んで、自分が残ったことに苦しんでおられるだろうなと思っていましたので、後年色々書かれるようになったことには、違和感がありました。

国体の危機と平泉と三島の天皇論

―― それ以前にも、日本の歴史には国家を二分するほどの危機的な状況がありました。

小村　歴史的には、何度もありました。古くは蘇我氏が、崇峻天皇を弑逆し、山背大兄王など聖徳太子の一族を滅ぼして、自ら皇位に即こうとしたし（山背大兄王が兵を集めて戦えば、動乱になっていた）、壬申の乱（六七二）は、大友皇子（弘文天皇）と大海人皇子（天武天皇）の戦いであり、保元の乱（一一五六）は、天皇方と上皇方に分かれて戦った。

代表的な例としては、建武中興の後、足利高氏の謀反から、いわゆる南北朝という時代が五十七年も続き、後南朝というものも含めれば、百年近くも続いた。足利幕府というのは、結局、国家を統一することができず、応仁の乱から戦国時代という国家崩壊の状況をもたらした。織田信長、豊臣秀吉という大天才が出なければ、スペインの植民地にされていたかもしれない。

つい近年では、二・二六事件のときも、反乱軍（決起軍）が昭和天皇の弟宮（秩父宮殿下）を擁することにでもなれば、国を二分する騒乱になりかねなかった。二・二六の決起部隊の規模は千五百人程度のものですけど、それを利用しようとする陸軍の幹部や政治家がおりましたから、陸軍の中がきちっと統一が取れなくて、大きな騒乱になるかも知れない。特に秩父宮殿下があの決起部隊に囲まれた時には非常に難しくなるというので、平泉先生（殿下の侍講をされた）は、青森から東京に向かわれる殿下を水上までお迎えに行かれて、終始天皇の側で御補佐申し上げますよう進言されました。天皇を中心として統一されている日本の国を分裂させてはならないというのが、その一番大きな眼目でした。

あの『文化防衛論』にしても、当時どれだけの人たちが理解していただろうか、非常に疑問です。私は、大学では初期マルクスの研究というゼミナールに入っていたのですが、担任の助教授は『文化防衛論』について、昔のように天皇から自衛隊に軍旗を授けろという、それだけの話じゃないかって言っていました。三島の文化論というのは見解が分かれるところであるが、イデオロギーとして言ってることはそういうことじゃないかといって。昔は軍旗は天皇から授かるものでしたから。

三島先生の天皇論というのは日本の歴史と文化を具現する存在として極めてクリアに理念整理されていますが、現実に目の前におわします天皇陛下にどういう心情を持っておられたのかはよく分かりません。私どもが平泉先生や近藤先生から教わった天皇と国民の関係、臣下としての自分自身のあり方は、観念ではなくて、非常に素直なものでした。

今回、『文化防衛論』を読み直して、私があっと思ったのは、天皇は神武天皇以来お一人なんだということを三島先生の論理の中でも述べておられることでした。昭和天皇がいらっしゃり、平成の天皇がいらっしゃって、今上陛下。天皇というものは国家の機関そのものではないけど、国家の機関としての性質は持っているわけです。天皇という御位に生身の玉体を持った方が就かれる。しかし、それは会社があって社長がおって、別の人が社長のポストを継ぐというのとは全く違うものだということです。天照大神様の命（魂）を受け、神武天皇そのものがずっと伝わってきているのです。そこを御体認頂くのが大嘗祭になります。私は二十二歳のとき青々塾に入れて頂き、先輩から理念的には教わっておりましたが、昭和天皇様が亡くなられて、新憲法のもとで大嘗祭ができるかどうかというようなことが大きな議論になった時に、真に国家の生命が継続できるか否か、初めて大嘗祭の意味というものが、自分自身の命の問題としてわかったような気がしました。

三島先生によると、日本以外の国ではオリジナルとコピーというのは截然と違う、オリジナルにしか価値はないのだけど、日本の文化というのは、コピーとオリジナルが同等の価値を持つ、あるいは、オリジナルそのものに成り代るのだということです。伊勢神宮の遷宮がそうですし、実はその最大のものが皇位なのです。そこのところが理解できないと、日本の国の命というものが理解できないわけです。三島先生はそこは非常にクリアに理解しておられたんだなって、今回よくわかりました。

新右翼と『新勢力』維新の戦闘者・毛呂清輝

本誌編集長　坪内隆彦

今の愛国団体は〝売国政党〟の院外団だ

『現代の眼』昭和五十一（一九七六）年二月号に掲載された、鈴木邦男と野村秋介の対談「反共右翼からの脱却」は、反共右翼と一線を画した新右翼の台頭を強く印象付けた。「新右翼を作った対談」とも評価されている。ここで野村は、「『安保廃棄』ということをはっきりと打ち出すべきだと思うんですよ」と語ったのである。

しかし、この対談に遡ること十六年、昭和三十五（一九六〇）年夏に、戦前から昭和維新運動に挺身してきた三上卓、影山正治、毛《も》呂《ろ》清輝《きよてる》による鼎談が行われた。ここで、毛呂は次のように戦後右翼の在り方を厳しく批判していたのである。

「戦後、いわゆる右翼団体というものが復活し、その団体の数も随分沢山あるようですが、維新運動とか維新陣営という名に値するようなものは未だ再建されていないと思うのです。……いつか、『新日本』の阿部源基氏（元警視総監）が昔は〝革新陣営〟といえば、〝愛国陣営のことを指した〟と云つていましたが今の愛国団体は、共産党のいう〝売国政党〟の院外団みたいな立場におかれて、一つの自主的立場を失つているように思うのです」

「維新運動の本流をさぐる」と題されたこの鼎談を掲載した雑誌こそ、毛呂が自ら主宰していた『新勢力』である。

鈴木がこの鼎談を特に重視していたことは、平成二十七（二〇一五）年に彼が編んだ『BEKIRAの淵から　証言・昭和維新運動』にこの鼎談を収めたことからも窺える。

毛呂は、この鼎談以降も右翼陣営に対するメッセージを送り続けた。例えば、昭和四十四（一九六九）年四月には、「わが悲懐」と題して〈日本人の原型である右翼は日本の「独立」を主張する前に独自の立場を鮮明にし、自民党の院外団的性格から脱皮しろ〉と持論を繰り返している。

鈴木邦男を育てた毛呂清輝

毛呂清輝

鈴木は毛呂から思想的な影響を受けただけではなく、運動面でも毛呂から大きな支援を受けていた。鈴木は、昭和四十七（一九七二）に一水会を旗揚げしたが、当時十分な資金がなくて困っていた。当時のことを鈴木はこう振り返る。

〈一水会を作ってすぐは事務所を借りる金もないし、毛呂先生の「新勢力社」に机を一つ借りて事務所にした。タダで使わせてくれた。電話もそうだ。さらに原稿を書いて原稿料をもらった。他の先生方の雑誌にも書かせてもらい原稿料をもらった。お世話になりっ放しだ〉

毛呂はまた、新勢力社があった飯田橋の居酒屋で、酒を飲みながら鈴木を励ましたという。鈴木は〈『新勢力』という格調の高い理論誌に書けるというので、我々は拙ないながら必死に勉強して書いた。民族派の勉強をするということ、原稿を書くということ、自分の考えをどう他人に訴えてゆくか……それらの全てを『新勢力』で習い、教えられたような気がする〉とも書いている（鈴木邦男「毛呂先生の叱正」）。

鈴木の言論活動に注目していた毛呂は、予てから野村秋介を鈴木に紹介しようと考えていた。その機会は、野村の出所まもなくの昭和五十（一九七五）年五月に訪れる。上野精養軒で開催された『新勢力』の二十周年記念大会の席上で、毛呂は鈴木に野村を紹介したのである。

神兵隊が新右翼を作った

言論人としての毛呂の活躍は、維新運動に挺身した戦前の体験に支えられていた。

大正二（一九一三）年七月四日、京都府与謝《よさ》郡岩瀧町字男山（現与謝野町男山）で生まれた毛呂は、京都府立宮津中学校を卒業後、昭和五（一九三〇）年國學院大学に入学した。弁論部に入り、同部の部長を務めていた日本主義の哲学者・松永材教授の指導を受けることになる。毛呂は『浪人道とニヒリズム』で次のように振り返っている。

「この弁論部が運命の糸だった。部長が松永先生。そして幹部にアジテーター影山正治がいた。事実当時の彼は颯爽として、左翼の斗士以上に魅力的だった。彼の演説は隣りの実践女学校の生徒もききにきた程だった」

國學院に入学した影山にとって、「とうとうたるマルクス主義全盛の世相下にあって、あらゆる悪評を覚悟の上で、毅然として立つ日本主義陣営の若き理論的指導者としての松永教授」こそが大きな魅力だったのである。影山や毛呂は、そんな松永の思想的影響を受け、維新運動へとのめり込んでいった。毛呂は影山を介して内田良平の「大日本生産党」に入り、さらに津久井竜雄氏の「大日本青年同盟」にも関わるようになる。

昭和八（一九三三）年七月、毛呂は神兵隊事件に連座することになる。神兵隊指導者の一人天野辰夫は、古事記、日本書紀の研究に基づいて皇道原理を前面に打ち出した維新を目指していた。天野は前田虎雄ら愛国勤労党の急進派、鈴木善一ら大日本生産党系の維新派とともに、昭和皇道維新の断行を目指して神兵隊事件を企てたのである。神兵隊の志は高く評価された。例えば、鹿子木員信《かずのぶ》は、神兵隊事件において初めて純乎として純なる皇国の国体原理に基づく、日本的な維新が企図されたと評価している。

神兵隊事件は、首相官邸で閣議が開かれている時刻を見はからい、海軍第二航空隊司令・山口三郎中佐の指揮する海軍機が官邸と警視庁を爆撃して閣僚を鏖すとともに、地上部隊は重臣、政党首領、財閥首脳などを暗殺する計画を立てていた。治安の混乱に乗じて政権を倒し、それによって天皇政治を確立しようとしたのである。東久邇宮殿下に出馬を願い、一挙に維新内閣を樹立する計画だった。しかし、決行寸前に発覚し、二百人余りが検挙され、五十四人が起訴された。

毛呂は昭和十年暮に保釈されて出所、一旦奥丹後の父母の膝下に帰った。昭和十一（一九三六）年、神兵隊は天野派と前田派に分裂し、毛呂は片岡駿、中村武彦とともに天野を支持、「告り直し」と称して神兵隊の新たな発足を宣言した。実動機関として片岡らが昭和十二年七月に設立したのが維新公論社である。毛呂は維新公論社に入り、月刊『維新公論』の編集に携わることになった。こうして、毛呂は雑誌編集を経験することになる。

左から中村武彦、本間憲八郎（本間憲一郎長男）、影山正治、毛呂清輝（昭和11年）

前もって言えば、神兵隊事件関係者は、戦後の右翼運動をリードすることになる。鈴木は、〈戦前の良質な右翼思想家のほとんどがかかわつたのが「神兵隊事件」だ。……僕らはこの先生方の指導を受け、大きな影響も受けた。だから、「神兵隊が新右翼を作った」といえるかもしれない〉と書いている（『右翼は言論の敵か』）。

実際、神兵隊事件関係者の多くが戦後右翼運動のリーダー的存在になっている。「新勢力社」を率いた毛呂のほか、「青年講座」の白井為雄、「大東塾」の影山正治、「全有連」の片岡駿、「救国国民総連合」の中村武彦などだ。

王道アジア主義者・毛呂清輝

毛呂は、維新運動と同時に興亜運動に挺身していた。昭和十二年十一月には、青年亜細亜同盟が発足し、毛呂は神兵隊の永代秀之や興亜運動に挺身してきた田中正明らとともに参加している。

毛呂は、アジア諸民族の解放を切望するとともに、アジア人を侮蔑する欧米に果敢に挑もうとした。当時、日本国内においても、「ガンガディン」や「ベンガルの槍騎兵《そうきへい》」など、インド民衆を侮蔑し、インド兵の反乱を鎮圧する英軍の行動を称え、イギリスのインド統治を正当化する映画が上映されていた。

毛呂はインドの留学生や日本の青年とともに、築地の松竹本社の洋画配給部にのり込み。再三にわたり抗議をくり返した。さらに、松竹社長や陸軍の報道班や外務省などを説得し、ついに日本での上映を禁止させたのである（田中正明「『青年亜細亜同盟』の思い出」）。

アジア主義者たちは、インドだけではなく東南アジアの民族主義者たちも支援していた。後に『新勢力』を舞台に活躍する葦津珍彦もその一人だった。

葦津は、日本に亡命していたフィリピンの民族主義者ベニグノ・ラモスと直接接触し、フィリピン独立を支援しようとしていた。ところが、昭和十年にアメリカに配慮する外務省親米派は、日本に亡命していたラモスを国外退去させようとした。この時、葦津は「比律賓独立戦争と我徒の態度―独立派志士を米国官憲に渡すな」と題した声明文を広田弘毅外相に渡し、「国外退去させせぬ」と確約させたのである。

わが国の維新陣営を頼ったラモスは、維新寮（後の大東塾）を訪れ、影山正治、毛呂清輝、中村武彦らとも面会していた。やがて、こうした興亜運動の体験は『新勢力』の言論に活かされることになる。

つまり、毛呂らの動きは西郷南洲を源流とする王道アジア主義につらなるものであり、覇道に陥る政府に対しては批判的なものだった。毛呂は、東条政権に抵抗する石原莞爾のグループも支援していた。

読売新聞の政治記者を経て、石原莞爾に心酔し、東亜連盟運動に共鳴した神田孝一は、東亜連盟運動に挺身する若者たちを育成するため、故郷の会津若松から純真な青年たちを集め、高尾山麓に「浅川塾」を開設した。当然、東條が警戒した「浅川塾」に対しては特高の目が光っていた。この時、山口重次、武田邦太郎、小島玄之らとともに、「浅川塾」を支援し、東条政権の弾圧を撥ね退けたのが、毛呂だったのである（市倉徳三郎「痛恨　毛呂君の死」）。

後に毛呂は、「日本がアジアに対して犯した侵略的な面と純粋にアジア共栄のために尽した面とがミックスして戦争は進展したが、確かにその良き種も蒔かれているのである。日本人の悪い癖は事大主義である。そして拝外主義と排外主義が背中合せになっている」と指摘している(『浪人道とニヒリズム』)。

『新勢力』の看板となった葦津珍彦

昭和三十一(一九五六)年、毛呂は中村武彦、小島玄之らとともに設立した「民族問題研究所」から『新勢力』を刊行した。翌昭和三十二年十一月には自ら新勢力社を設立し、『新勢力』を同社の刊行物として発行することにした。既存の商業雑誌が戦後体制の枠の中での言論活動しか展開できないのとは対照的に、『新勢力』は昭和維新の精神を伝えるべく、堂々たる主張を展開し保守陣営に覚醒を促した。

『新勢力』は維新運動に関わる人物や事件の特集として、大川周明特集(昭和三十三年十一月)、神兵隊事件三十年特集(同三十八年)、高畠素之の思想と人間(同四十四年十月)、松永材先生追慕号(同四十四年十月)、三上卓追悼号(同四十七年二月)などを組んだ。

こうした中で、『新勢力』の看板となり、多くの読者を獲得したのが葦津珍彦である。実は、葦津に毛呂を紹介したのは三上卓だった。葦津は次のように振り返っている。

〈かれ(毛呂)を私のところに同行して来てくれたのは、故三上卓兄であった。……三上兄は寡黙の人だが英敏の質があった。「この男(葦津)に理論を聞かせてもダメだよ。なんでもいいから、この雑誌に書いてくれ。原稿料は持たないらしいから、自分で印刷したいやうな文を書いて、雑誌を二百でも三百でも持って行くやうにしてくれ」と、三上兄が要領をきっぱり結論づけて帰った〉

葦津の著作は保守論壇の注目を浴びたが、その多くが『新勢力』に掲載された原稿がもとになっている。

戦後の民族派が親米に傾斜する中で、王道アジア主義に関わる葦津の論稿は強い光を放っていた。例えば、自らの興亜運動の体験に基づいて書いた「比島独立革命戦士　B・R・ラモス小伝」(昭和四十六年四月号)

である。

鈴木邦男はこうした論稿から強い影響を受けていたに違いない。彼は昭和四十九（一九七四）年六月に『新勢力』に寄稿し、「我々は、玄洋社・黒龍会の、そして、血盟団、五・一五、二・二六といった国家革新運動の伝統をついでゆくのであると思う」と述べている。鈴木は戦前の維新運動の継承を志したのである。

野村秋介は、「新右翼」ではなく「真右翼」と称したが、「新右翼」の本質は維新を志した正統右翼の継承にあったと言えるのではなかろうか。その意味で、正統右翼の思想と行動を伝え続けた『新勢力』の果たした役割は極めて大きいが、このような雑誌を刊行し続けることは容易ではなかったに違いない。

戦前、直接行動に訴えようした毛呂は、戦後は言論活動とともに、後進の育成を自らの任務と定めたように見える。しかし、半世紀近くに及ぶ維新の戦いを続けてきた毛呂も、ついに力尽きた。昭和五十三（一九七八）年十二月十九日、六十六年の人生の幕を閉じた。翌昭和五十四年四月、『新勢力』は「毛呂清輝追悼号」を編んだ。盟友の片岡駿は、次のような追悼の言葉を残している。

〈一切の営利栄達と世の常の歓びを求めず、ただ戦はんがためにのみ生きる維新の戦闘者にとって、貧困と孤独と試練はこれを避けることの出来ない宿命だ。さうした維新者の日日不断の生活において、若しその貧困や孤独や試練を克服し、没却せしめ得るほどの歓びがあるとすれば、それは『血盟の義』と『骨肉の情』を共に相備へた、文字通りの肝胆相照らす友のみである。私にとってさうした友が誰であったかは誰よりもよく君が知ってゐる筈だ。……日日不断に誓ひを固め心を寄せ合ひ、歓びも悲しみもみな互ひに頒ち合ふことの出来る戦友となってこそ、それがまことの維新の友であると云ふのが、君が平生の所信であった。そして君はそれを二十代の青年期から死ぬるまで一貫して実行した。生涯に亘る君の貧乏の原因がそこに在ることは、君を知るほどの人はみな知ってゐる。君が生前、身に着けたものは首から足の先まで凡て友人や先輩からの貰ひもので、躰にピッタリのものは一つも無かったが、私はそれを見る度に君の心の清々しさを感じ、またますらをの意気を感じた〉

（敬称略）

橘孝三郎生誕百三十年・歿後五十年記念式典

令和五年三月二十五日、茨城県の笠間稲荷神社にて、橘孝三郎生誕百三十年・歿後五十年記念式典が開催された。当日は八十名近くの人が参列し、橘孝三郎先生の足跡を思った。会場では「橘孝三郎の生涯」と題した展示パネルが掲示され、橘直筆の「愛郷会発会宣言」、三島由紀夫の橘門下生に宛てた書簡、『土とま心』等重要な史料が展示された。

橘孝三郎は晩年、総ページ数六〇〇〇ページを超える、心魂を込めた天皇論五部作（『神武天皇論』、『天智天皇論』、『明治天皇論』、『皇道文明優越論概説』、『皇道哲学概論』）を書きあげ、伊勢神宮、橿原神宮、明治神宮、鹿島神宮、靖国神社、天皇陛下、そして笠間稲荷神社に奉献したという。橘孝三郎の高弟塙三郎の実家がこの笠間稲荷神社であり、今回の会場が笠間稲荷神社に選ばれたのはそういった縁による。

式典は実行委員長であり橘孝三郎研究会代表でもある三次真一郎氏の挨拶から始まり、水戸史学会理事仲田昭一先生の「橘孝三郎先生に学ぶ―土とま心―」の講演が行われた（後述）。なお、司会を務めた金子弘道氏もまた橘門下である。

橘孝三郎生誕130年・歿後50年記念式典

その後塙東男宮司を斎主とした年祭が謹んで執り行われた。式典内では橘孝三郎研究会会員でもある展転社代表取締役荒岩宏奨氏による愛郷道歌・辞世奉詠も行われた。愛郷道歌は当時愛郷塾で歌われた歌で、「めざめよ　みたまに　かえれよ土に　我等がしるべ　我等がよるべ　わがふるさと　わがふるさと」という歌詞の歌である。橘孝三郎作詞で、作曲は妹のはやである。また、辞世は「すめらぎの　道をかしこみ　聖筆《まふで》執る　聖筆執りつつ　天にのぼらむ」である。

その後直会となり、笠間稲荷神社宮司塙東男氏、鹿島神宮宮司鹿島則良氏、笠間市長山口伸樹氏による挨拶の後、八千矛社主犬塚博英氏による献杯が行われた。そして文芸批評家新保祐司氏や衆議院議員福島伸享氏などによる挨拶があった。

主催者謝辞として、橘孝三郎曾孫橘義一氏、橘孝三郎研究会事務局長の篠原裕氏による挨拶があった後、全員で「海ゆかば」を斉唱し閉会となった。

橘孝三郎先生に学ぶ ― 土とま心 ―

水戸史学会理事　仲田昭一

橘孝三郎生誕百三十年・殁後五十年記念式典では、水戸史学会理事・仲田昭一先生による「橘孝三郎先生に学ぶ―土とま心―」の講演が行われた。講演要旨は以下のとおり。

＊　＊　＊

橘孝三郎先生は明治二十六年に水戸で生まれ、五・一五事件に参画した。昭和九年に服役となり、昭和十五年に恩赦で出獄した。獄中では三上卓の進言により天皇論の研究を始め、執筆に向けた構想を練っていた。『神武天皇論』では、神武東征について侵略的なうしはく行動ではなく、しらす行動であった。橘先生は「神武天皇の大和入国や橿原宮建設は、周の武王の革命的軍事行動やモーゼの絶対的専制君主的侵略行動などと異なり、世界史上まれに観る文化的救済国家建設運動である」としている。

こうした橘先生の神武天皇敬仰は水戸学にも通じるものがある。義公徳川光圀は神武天皇の聖徳偉業を慕うと共にその御陵の荒廃を悲しんだ。また会沢正志斎の『新論』では国家の独立自尊は国民の心を一にすることが必要だとした。そのうえで山陵の保護を訴え、また大嘗祭を非常に重要視した。烈公徳川斉昭は神武御陵調査を命じ、老中に神武天皇御陵の修復を建議している。その建議には藤田東湖も参画した。弘道館記述義の中には「正史の紀年は神武天皇の辛酉元年に始まる。辛酉よりいまに至るまでおよそ二千五百有余歳」と神武起源年を主張した。

そもそも天皇の祈りは「民安かれ」「国平らかなれ」と、平和と民の安寧を祈ることである。こうしたことを重んじる精神は橘孝三郎先生の思想に通じるものがある。橘先生は「青白きインテリになるな、土方してでも飯の食える人間になれ」と農の実践に重きを置き、晴耕雨読の生活を良いものとした。つまり農を営みつつ神に感謝する「土とま心」の世界を重んじたのだ。土を土台とする「瑞穂の国」日本は皇室が大嘗祭を行うことにその本質が示されている。皇室の尊厳は神武天皇の即位の詔勅にあり、その永遠性への祈りは「天壌無窮の神勅」にある。日本の国体を知ることが人心を一つにする根源である。

愛郷塾の「土とま心」の精神はその後も地元に於て継承されてきた。米作は無論ぶどう、梨、メロン栽培などにも挑戦し成功してきた。それが輸出や外国産の作物にも対抗しうる生産の実現にもつなげていきたいものである。

日本の農業は大変な危機を迎えている。愛郷塾の目指した文化農村社会はユートピアであったのか。集落の崩壊が叫ばれる今日、これを理想としてその実現を図ることを地方創生の方策として生かすことはできないか。自助公助の心を以て家族、地域の絆を復活、深化させ、「潤いに満ちたふるさとづくり」に努めたい。橘孝三郎先生のいう「まごころ」は、今日の日本社会のすべての分野に広めていかなければならない。皇室への誹謗中傷的報道が絶えない状況であり、また格差も大きく経営者は国民生活の安寧に心が向かないかのようである。技術立国の名は地に落ち教育も荒廃している。愛郷塾は真の意味での平等社会の実現を目指していた。その根底にあったのが「まごころ」である。日本学を打ち立てた平泉澄博士が詠んだ歌に「満天の星のかがやき仰ぐ如　地に布かしめよ人のまごころ」というものがある。我利我利になりすぎた日本に、いまこそ「まごころ・愛・祈り」を復活させたいものである。

（文責：編集部）

仰げば尊しわが師の恩
橘孝三郎と三島由紀夫

橘孝三郎研究会事務局・元楯の会一期生　篠原　裕

橘孝三郎研究会と楯の会の縁

――篠原さんは橘孝三郎先生の門弟であり、三島由紀夫先生の楯の会の一期生でもありましたが、その両者に係わることになったきっかけはどういったものでしょうか？

篠原　私はまず橘門下となり、そのあと楯の会に入隊いたしました。私は水戸出身で、橘先生のお宅からクルマで十分かからない距離に住んでおり、実家は農家でした。橘先生の娘婿で高弟の塙三郎氏の長男の塙眞さんが年の近い先輩で、そのグループに入っていたのです。その後、同じく水戸の先輩の持丸博氏の縁で、昭和四十二年の「祖国防衛隊」構想に参加することになります。持丸氏は三島先生の片腕として活動しており、この「祖国防衛隊」構想が後に「楯の会」となります。一方、橘先生と門下生は塙三郎氏を通じ靖国学生連盟と密接な関係を築いており、阿部勉氏、新堀喜久氏、金子弘道さん、私の四名が橘門下から楯の会一期生に入ったのです。一期生二十人中四名が橘門下であったことになります。そのあとの期にも何名か橘門下が入っております。森田必勝氏も靖国学生連盟と関係があり、楯の会一期生でした。三島先生はいかにも文化人といった趣があり、橘先生は素朴な雰囲気を持っていました。

――橘先生は門下生とはどういったことをされていたのですか？

篠原　門下生が定期的に橘先生を訪ね、お話をうかがっていました。難しい話よりも過去の思い出話のほうが多かったかもしれません。水戸中学校のとき、出席日数が足らず落第してしまってお母様が何も言わず黙っていて、叱られるより辛かった話とか、母親を悲しませたので（旧制）一高に入ろうと思った話、学生時代図書館の主と言われた話などがありました。特に印象に残っているのは一高を退学して帰農し、自分で農作業をやってみて、農業を支えているのはお母さんだと感じたという話です。私も実家が農家だからわかるのですが、農作業は草との闘いです。農家のお母さんが地道に草取りをしてくれるから百姓仕事が成り立つのです。橘先生は実際に農業をやってみて、そのことをつくづく実感されたのだと思います。そのほかでは、五・一五事件で満洲に渡った際に官憲に追われ屋根裏に潜んだ話なども聞きました。

―― 橘孝三郎研究会はどのようにしてできたのですか？

篠原　橘先生の人となり、著述、思想を若い人たちに知ってもらうことを目的として、橘先生存命中の昭和四十八年に雑誌『土とま心』が創刊されました。第一巻は塙三郎氏が編集を行いました。第二巻から阿部勉氏が編集を行いました。第二巻は橘先生追悼号となってしまいました。この第二巻が完成した頃あたりから「橘孝三郎研究会」をつくる話となりました。第三巻から、『土とま心』は橘孝三郎研究会発行となっています。

―― 当時の橘孝三郎研究会はどのような活動を行っていたのですか？

篠原　『土とま心』の編集のほかには、毎年橘先生のお墓参りや伊勢神宮の参拝に行っていました。新宿の炉端焼き屋「勇舟」が同人の主なたまり場となっていました。

橘孝三郎生誕百三十年祭開催と『天智天皇論』刊行に尽力

―― 今回の生誕百三十周年祭はどのようなきっかけで開催することとなったのですか？　また、生誕百三十年祭に併せて刊行された『天智天皇論（抄）』復刻の経緯も教えてください。

篠原　令和元年に『神武天皇論（抄）』を展転社から復刻することができまして、それが話題となりました。

その後次はどうしようか、『天智天皇論』か『明治天皇論』かどちらにしようかと考えていた時に、伝統文化研究家で『維新と興亜』顧問でもある原嘉陽さんとお話ししたところ、「『天智天皇論』を復刻すべきだ」と発破をかけられたので、『天智天皇論』復刻の作成に取り組みました。それが令和三年三月十六日から始めて、同十月十四日で終わっているので七か月かかったことになります。

そして、原稿はできたがどういった形で刊行しようかと考えていた時に、橘孝三郎研究会で橘先生のお墓参りをした際に生誕百三十周年歿後五十年で何か橘先生の業績を顕彰するような行事ができないかという話となり、今回のお祀りの企画が起ちあがりました。以降は毎月のように会合を重ね、準備を進めてまいりました。今回のお祀りでは橘先生の歩みについて企画展示を行ったのですが、これがぜひやりたかったことです。会場は塙三郎氏の父君の実家が笠間稲荷神社で、ここを使わせていただけることになってとんとん拍子で進みました。

日本の本質を追求した橘孝三郎と三島由紀夫

―― 橘先生と三島先生の思いはどういったものとお考えになっていますか?

篠原 三島先生もそうだと思いますが、橘先生は師を探し求めた人生だったのではないかと思います。大変ですよね。ご自身より優秀な人は亡くなった先人しかいないのですから。結果的に橘先生はミレーの『晩鐘』と江戸時代の仏師木喰上人に範を求めたわけです。

橘先生の考えは、日本の中心となる天皇と稲への信仰が神代の昔から日本人を救ったというものです。三島先生ともそういうところで考えがつながったのだと思います。

―― 『天智天皇論』には鹿島神宮に関する記述も多く出てきます。

篠原 『神武天皇論』、『天智天皇論』、『明治天皇論』のすべてに鹿島神宮の信仰が言及され、重要な位置づけを持っています。神社が日本の核であり、関東の神社の要が鹿島神宮、香取神宮だと考えました。関東は日本随一の穀倉地帯です。橘先生の議論では日本の神話に結び付いた形で鹿島神宮の話が出てきます。皇室にとっても鹿島神宮は特別な存在のようで、東日本大震災の際も鹿島神宮は大丈夫であったかと宮内庁から問い合わせが入ったとも聞いています。

―― 実際の農家と橘先生との関係はどうでしたか?

篠原　常陸太田市の本多ぶどう園はかつて橘門下で、いまもご子孫がぶどう園を営んでいらっしゃいますが、茨城のぶどう栽培はこの本多勇吉氏が広めたのです。私の父も酪農からぶどう園に転換するのですが、その際本多氏にお世話になりました。そういった地元の篤農と橘先生との付き合いも多かったのです。今回の生誕百三十年祭の様子は産経新聞に掲載されましたが、それによって「実はうちのオヤジが橘先生と関係があった」といった連絡も数件いただきました。

―― 篠原さんの今後の活動について教えてください。

篠原　まずは三島先生生誕百周年が近いので、元気でいたいと思っています。橘先生については『明治天皇論』の復刻に取り組みたいと思っていますが、気力体力が続くか。橘先生は八十一歳で亡くなるまで決して弱音を吐きませんでしたが、私も歳を重ねて、そのすごさを日々感じています。

私はご縁があって橘先生、三島先生に接することができましたが、平成二十九年の『三島由紀夫かく語りき』、そして令和元年『神武天皇論（抄）』、令和五年『天智天皇論（抄）』の復刻で少しはご恩をお返しできたかと思っています。橘先生、三島先生の教えを守ればよいと感謝しております。

橘孝三郎が問うたものは何だったのか

本誌副編集長　小野耕資

『日本を救う農本主義』出版！

本年は橘孝三郎生誕百三十年歿後五十年にあたる。それに合わせて、本年三月に『日本を救う農本主義』を望楠書房から上梓した。本書は橘孝三郎『日本愛国革新本義』を中心に復刻し、私がそれに解説を付したものである。『日本愛国革新本義』は五・一五事件に臨む直前一月に講演した内容を基本に作成されており、蹶起に臨む橘孝三郎の心情や切迫感がわかる内容になっている。

また、『日本愛国革新本義』と並んで橘孝三郎が茨城新聞に連載した「永遠なる義公」も収録した。橘孝三郎と言えばトルストイやミレーといった西洋思想との関連で語られることが多く、実際そちらの影響が強いとは思うが、ご当地水戸で育まれた水戸学との関係も考えていくべきではないかと考えた。そんな中、まだ戦後復刊されていない「永遠なる義公」という論説があることを教えていただいたので、収録した次第である。本論説の中で橘孝三郎は、水戸光圀公を社会正義を体現した人物であると論じており、注目すべき内容である。

そもそもなぜ農の精神が重要なのか

なぜ農本主義が現代社会にとって重要なのか。現代は資本主義が爛熟し、ヒト・モノ・カネを極度に流動化させたグローバリズムが世を席巻している。グローバリズムによるアイデンティティの喪失や深刻な格差など、負の側面もようやく明らかになってきたところだ。

近代社会においては資本主義を導入し、商売を活性化し、市場を求めて海外進出することが正しいこととされた。しかしその結果、貧富の格差は大きくなった。個人の利己心を肯定すれば、当然利害関係の対立によって争いが発生する。利己を基盤とすることは国内に争いを抱え込むことにもつながるのだ。そこで前近代的、時代遅れとされていた農業を中心とした国家論が再び見直される機会にもなった。

農業は個人ではできない。機械化した現代でさえ一人で農業をすることは大変だが、前近代社会においては頭数がいないと不可能である。つまり農業は地域や家族と連帯しなければ不可能であり、農業に重きを置くということは地域や家族に重きを置くということにもなったのである。そこから作り上げられる国家論は地域主体であり、国家はその地域の自主性を尊重しながら行う緩やかな統治であるべきだということになった。

そして地域や家族の中で労働するということは「かけがえのない一人」としてみなされるということであり、交換可能な部品として見られる資本主義的労働者像とは全く異なる。資本主義的に言えば細部までマニュアル化することで効率化を成し遂げてきた。しかしそれによって労働者はAIやロボットに代替可能な存在となってしまったのだ。しかもそれが低賃金労働者だけではなく、医者や弁護士などといった高給を得てきた存在にまで及ぶシンギュラリティはすぐそこまで来ている。資本主義社会を回していくのに人間自体が不要な存在となっていくのだとしたら、いったいわれわれの社会はどうなってしまうのだろうか？　グローバル資本主義の行きつく果ては人類のディストピア（暗黒世界）なのである。そんな中で原始的な農の精神を顧みていくことは、大きな意味があるのである。

鈴木邦男と資本主義の克服

先般亡くなった一水会顧問鈴木邦男氏は、その言論活動を始めた初期から国家不在、人間不在の資本主義の問題点に取り組んでいた。それは反共政権擁護と化していた従来の右翼とは一線を画したものであった。

むしろ戦前の右翼は日本の理想を追求することで資本主義の克服をも目指していたのだが、そうした側面を思い起こさせることにもなったのである。

鈴木邦男の処女作でもある『腹腹時計と〈狼〉』のあとがきにはこんな一節がある。

《民族への愛情も誇りも持てないような教育が、政治がまかり通る。国家は企業的になり、商社、企業が国家になりかわろうとする。国家目標も世界観も喪失して、それでも国家だと居直っている。一切の問題はそこにある。》

あるいは二作目『時代の幽閉者たちに』には次の一節がある。

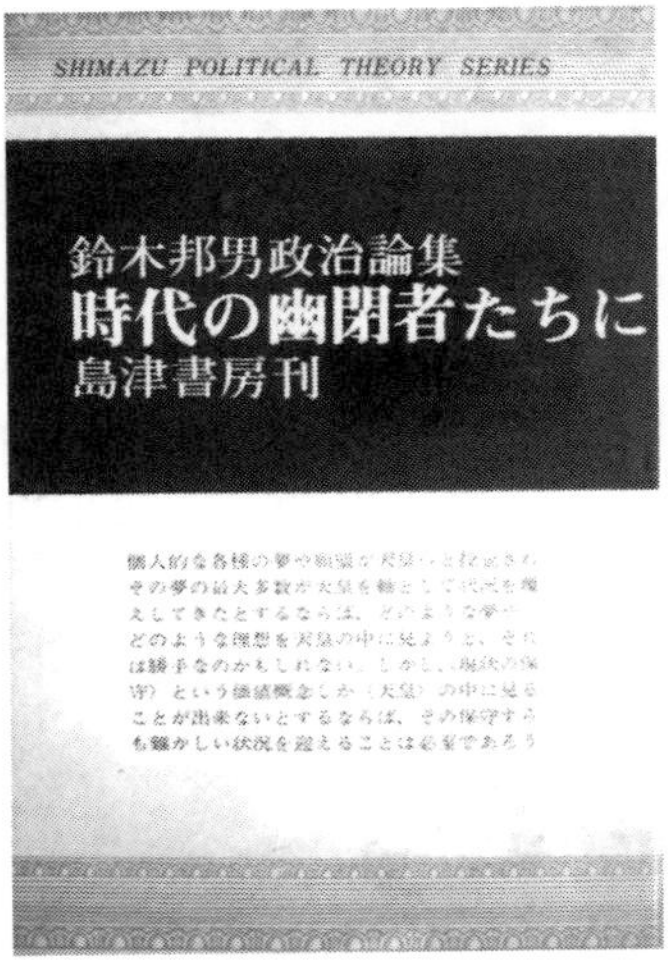

《夢を失い、イデオロギーの残骸を引きづってトボトボと歩いてゆく〈自由陣営〉の中にあって、最悪の状態にあるのが、あるいは我が日本なのかもしれない。

イデオロギーの残骸はおろか、国家でありながら、国家目標も、方向性もなく、〈平和と民主主義〉という、それ自体、価値でも目標でもないスローガンにのみ、すがって生きている。（中略）敗戦によって自信を失った国家は企業的となり、〈日本株式会社〉と呼ばれ、それとは逆に、企業は、皮肉にも敗戦によって〈自信を取り戻し〉、それ自体が国家的になってきた。「あの戦争には敗けてよかった。そうでなければ、これほど金もうけも出来ず会社も発展しなかった。あの戦争に勝っていたら、今頃は中共のような軍国主義国家になっていて、企業にとっては地獄ですよ」と、〈敗けて本当によかった〉と公言する企業人もいる。（中略）そうした確信をもった人間が、国家にかわって、東南アジアに、アメリカに、ヨーロッパへと進出する。〈政治〉と〈国家目標〉を失った政府と出先きの外交官、又、おこがましくもそれにとってかわろうという企業。

これでは現地で心から受け入れられないのは当然である。》

まさに現代社会を見通した至言と言えないだろうか。鈴木邦男は右翼内に止まらず、左派も含めて超党派で議論を展開した。その背景には、占領政策や政権与党に迎合する戦後右翼の思想的不毛に対する不信感があった。

鈴木邦男と橘孝三郎

そんな鈴木邦男は『時代の幽閉者たちに』で橘孝三郎についても言及している。

保守派が現状の保守に堕している中で、左派の方が、北一輝、権藤成卿、橘孝三郎にも着目し、「〈変革の原基としての天皇〉」という存在に気づき始めていると論じている。

また、橘孝三郎は、北一輝の唯物性、天皇信仰のなさ、土着性のなさを警戒し、「軍部独裁政治実現の誤解を一掃しうる」ことも農民を引き連れて蹶起に参加した理由である、つまり橘は二・二六を否定せんが為に先回りして蹶起したと言えなくもないと論じている。

特に鈴木邦男の鋭さを感じるのは、松沢哲成の議論を踏まえ、橘ら農民決死隊が都会中心主義を反省させるために立ち上がったのは、都会の人間だけでなく農民をも反省させる意図があったのではないかと論じている箇所である。

《そう考えついた橘の心の中にはそれだけでなく、当の「農民」をも指していたのではあるまいか。当時の余りにもひどい農村の窮状。それを都会の人間が知らないのならまだわかる。しかし、当の農民までが(中略)あきらめ、退廃的になってゆくのがどうしても耐えられないものと橘には映ったのではないだろうか。(中略)その「檄」は又、時には農民に対する深い絶望に裏打ちされた「檄」でもあった。》

実際、『日本愛国革新本義』で描かれる農民像は、借金まみれにさせられ貧苦にあえぎ、それゆえ自己利益に汲々としている存在だ。だからこそ「愛国同胞主義」によって生活の糧を得られるようにしなければならないと考えたのである。そしてそれは、「稼げる」ことを国家や社会が一層重んじている現代社会だからこそ、注目すべき議論なのである。

樽井藤吉墓所をついに発見した

樽井藤吉研究家　仲原和孝

樽井藤吉とは

大和の人・樽井藤吉は、主に「大東合邦論」の著者として知られる。樽井は嘉永三年四月十四日に、材木商の息子として奈良県宇智群南宇智村大字霊安寺（現在の五條市）に生を受けた。彼は二十代前半から新聞の発行や政府への建白書提出などの政治・社会運動を行い、明治十五年には日本で初めての「社会党」と言われる東洋社会党を結成した（約一週間後、活動禁止命令下る）。明治二十五年には衆議院議員に当選する。「大東合邦論」はその翌年に刊行され、所謂アジア主義思想の源流と扱われており、その著者として樽井の名は知られている。同書は朝鮮の一進会・李容九等に読まれ、香港あたりでは海賊版が約五十万部出回ったともいわれ、アジア、特に朝鮮の活動家に影響を与えたようである。

晩年は地元五條で「皇軍御先鋒」として蹶起した天誅組を顕彰する為、「明治維新発祥記念碑」の建立に奔走したが、その日を見ることなく大正十一年十月二十五日に七十三歳で波乱の生涯の幕を閉じた。

墓所に関する記述

さて、そんな樽井藤吉であるが彼の墓所の存在は知られていなかった。それどころか、筆者は存在しないだろうとすら思っていたのだ。樽井の晩年は独身で、子供もなく寂しい晩年だったと聞いており、親族の存在も「ウン十年前に遠戚にあたる人物が奈良市内で不動産業を営んでいた」という情報以外知らなかったのである。そんなわけで、樽井の墓所については存在しない、建立はされただろうが今は荒れ果てており判別不能であろうと勝手に思っていたのである。

ところが、「東洋社会党考（田中惣五郎著、昭和六年刊）」に初めて樽井の墓所の存在に関する記述を確認した。その証言は、樽井が晩年同棲していた小原歌という女性によるもので、次のように証言している。

「お墓も霊安寺の向ふの山の腰にあるのだがあまりしんき臭うてよう参りやせん、お盆にかて行きやせんは」

お盆にすら参ることはないということは人も寄り付かないような場所だったのだろうか。しかし墓所の存在と場所を知っているということは、少なくとも一度は訪れているのだろう。ちなみに、霊安寺とはかつてそういった名の寺があったことから来る地名である。その寺は明治初期に廃仏毀釈のあおりを受け廃寺になっており、昭和六年当時には既に存在しない。

小原の証言を知り、樽井の墓所調査に興味が湧いた筆者であるが、「霊安寺の向ふの山の腰」というよくわからない証言だけでは調べようがなく、しばらく調査はストップした。

だが、大和タイムズ社（現在の奈良新聞）刊行の「大和百年の歩み　社会・人物編（昭和四十五年刊）」にて、更に具体的な記述を発見した。

「霊安寺の墓に『樽井藤吉奥城』『大正十一年十月二十五日帰幽』『昭和六年四月甥樽井辰太郎。同又太郎』とある。」

なんと墓所に刻まれている内容まで記載されているのである。これと同じ内容が「五條市史・下巻（昭和三十三年刊）」にも記載されていた。これには筆者も驚き、「もしかして樽井の墓までたどり着けるのではないか？」という希望が頭の中に包まれたのである。

こうして、本気で樽井藤吉の墓所を探し出す決意をしたのである。

墓所を探して

三月初旬、絶好の晴れ日和で、少々厚めのジャンパーを着ていると汗ばむ中、筆者は樽井の墓所を探し出すべく、五條の地へ向かった。

多分樽井藤吉という人物のことなど誰も知らないだろう……そう考えた筆者は「大和百年の歩み」「五條市史・下巻」に記載されている「霊安寺墓地」をヒントに、先ずは五條市観光案内所へ向かい、五条市史のコピーを示して、霊安寺墓地の場所を尋ねた。だが、案内所の職員はぽかんとした顔をして、「霊安寺という寺はもう無いのでわからない」と返された。だが、霊安寺跡近くにある御霊神社と五條市文化博物館を紹介され、先ずは御霊神社を訪れた。ところが、社務所は無人で、近くに宮司さんの自宅があるので用がある者はそこを訪ねてくださいという貼り紙があったので訪ねてみても留守だった。このすぐそばにある樽井の葬式が行われたという満願寺というお寺も訪ねてみたが、こちらも留守。手掛かりを得られそうな二箇所が留守ではどうしようもない。筆者は諦めて、五条市文化博物館へと足を向けた。余談だが、御霊神社の正面には「樽井藤吉翁顕彰碑（昭和五十一年建立）」が存在する。そこで、もう一つ紹介された五條市文化博物館を訪れ、受付に霊安寺墓地の場所を訪ねるも、首を捻らせながら「霊安寺という地名はあるんですけど……」と答えるばかりで、これといった情報は得られなかった。

御霊神社は留守、文化博物館は空振り。どうしようかと考えた挙句、とりあえず五條市役所へ向かうことにした。

市役所受付で目的を話すと、観光振興課に案内され、そこで再びコピーを示しながら樽井藤吉の墓所と霊安寺墓地のことを尋ねた。応対した方は案の定「誰それ？」という反応だったが、市史を取り出して調べたり、墓地の管轄部署に連絡してくれたりと、親切に対応してくださったが、ここでも何も得られなかった。

曰く、「霊安寺町自体の面積が広く、『霊安寺墓地』だけでは特定のしようがない」とのことだった。また、各墓地の管理は地元の区長に任せているというので、連絡先を聞いたが先の言い分を繰り返すだけだった。よく考えれば個人情報なので、簡単には教えられないのだろう。

このまま見つからずじまいか……。しかし、今日を逃せばもう見つからないのではないか……そんな気持ちが沸き上がり、とりあえず、グーグルマップの航空写真から二つの寺に目星をつけた。

　最初に向かった寺は御霊神社の近くだった。その寺の墓地を見回したところ、「樽井〇〇」と刻まれた墓石はあったものの、名前も違ったうえに没年月日も違った。

　次いで、少し離れた禅洞寺というお寺に向かった。航空写真で見ると、霊安寺町では最も大きい墓地にある寺で、お寺というよりはお堂のような印象だった。ここに無ければもう帰ろう……そんな気持ちを抱きながら、少々古そうな墓石を一つ一つ確認していった。「最初坊墓地」という名のこの墓地は、少々傾斜があり、足元に注意しつつ探していくと、遠くに「大正十一年十月二十五日」と刻まれた墓石があった。樽井の没年月日にぴたりと一致する。筆者ははやる気持ちを抑えながら、足元に注意しその墓石に近づいて行った。たどり着いた墓石には、「故樽井藤吉之奥津城」と確かに刻まれていた。

故樽井藤吉之奥津城

　ついに発見したのである。筆者は嬉しさのあまり、しばらく眺めたのちに手を合わせた。

　意外にも綺麗なお墓だった。周りには樽井姓の墓石が多く並んでいる。おそらく、「樽井家墓地」の区画なのだろう。振り返って通ってきた跡を見ると、標高が高いことに気づく。なるほど、「霊安寺の向ふの山の腰」という小原歌の表現は当たっているように思える。

　ところで、樽井の墓には線香も花も無かった。綺麗ではあるものの、誰かがお参りに来ている形跡は無い。次回訪れた際は花を買って、好きな酒と一緒に供えようか。そう考えながら筆者はその場を後にした。

　樽井の墓の住所は奈良県五條市五二五。正面には辯天宗の霊園がある。駐車場は二つあるが、狭い方の駐車場からは樽井の墓を見ることができる。

【激戦の軌跡】
発行人・折本龍則かく戦えり
千葉県議会議員選挙・浦安市選挙区

本誌記者　出見晃大

令和５年４月９日。本誌発行人・折本龍則は千葉県議会議員選挙浦安市選挙区において、完全無所属で出馬し、１万４９４０票を獲得。あらゆるメディアや情勢分析の下馬評を覆し、初当選を果たした。折本は選挙戦を通じて「〝脱〟しがらみ政治」を訴え、立憲民主党、「日本維新の会」の候補を破り、激戦を制したのだ。その足跡を振り返る。

【3月31日】

県議選初日。折本は10時に氏神様である清瀧神社で出陣式を開き、浦安三社（稲荷、清瀧、豊受）を参拝した。その後、新浦安駅前広場で第一声となる演説会を開き、「地方議会の役割は行政のチェック機関であるべきだ」と述べ、「今の浦安は特定の団体・法人から支援された政党や議員ばかりだ。市民の声が議会に届けられていない」と主張。

「住民に寄り添い、誰が相手でも是々非々で議論できる政治家でありたい。脱しがらみで私たち目線の政治を取り戻す」と訴えた。水戸からは福島伸享衆議院議員が駆け付けた。同氏は「党より人物だ。水戸学の研鑽に励む議員はそういない」と折本への支持を呼びかけた。

ほかにも原田陽子那珂市議会議員、戸村ひとみ旭市議会議員（母）、鈴木信行前葛飾区議会議員もかけつけ、応援の檄を飛ばした。

【4月1日】

２日目の朝は浦安駅で始まった。折本は街宣車に乗り込まず、演説マラソンで市内の津々浦々を巡った。高洲中央公園をはじめ市内を駆け抜けた。夜は新浦安駅前広場で街頭演説をするも「きたる！●●●●」の捨て看板が。ルール無視の場外活動に、既成政党への闘志は一層燃え上がる。

【4月2日】

折本は日曜の朝も浦安駅に立った後、市内を演説マラソンで一歩一歩踏みしめて、チラシを一枚一枚手渡した。街頭演説では「地方政治は既成政党の都合に振り回されてはいけない！」と呼びかけ続けた。夜は浦安駅に立ち、「特定団体の利益を追求するのではなく、国民全体、市民全体の利益となる政治を」と呼びかけ続けた。

【4月3日】

新浦安駅前広場に上田令子都議会議員が駆け付けた。新浦安駅前広場を大きく使い、「しがらみだらけの政党政治ではいけない！地域には特性がある！」と力強い演説を頂いた。

【4月4日】

「政治と宗教のしがらみに切り込む」街頭演説会を開催。『宗教問題』の小川寛大編集長、亜細亜大学講師の金子宗徳氏（『国体文化』編集長）が応援弁士に駆けつけた。金子氏は「国家観のない政治家が多すぎる」と分析し、「今こそ、国家観をしっかり持つ人を応援しよう」と述べた。

【4月5日】

御所市の杉本延博市議会議長が来援。戦う地方議員として、「若きながらこんなに頼れる議員はいない！」と賛辞をおくった。

【4月6日】

ミスター郵政こと稲村公望氏「今回は県議選だが、折本は国を背負う人物だ！」、元自民党衆議院議員・あんどう裕氏「自分が元自民党だからよくわかる。選挙がいかに大変か。しがらみがいかに強いか。それに立ち向かう折本をどうか応援して

前葛飾区議会議員の鈴木信行氏は言った。「地元生まれ、地元育ち。この町しかないからこそ、この男は必ず、市民のための働く！」と訴えた。

【4月8日】

「浦安市民の想いを忖度なしで県政に届けたい！」声を大にして訴え続けた折本。「党より人物」「さぁいっしょに」「私の町から日本を守る」。応援する有権者の思い、応援に駆けつけていただいた方人々の思いを刻み、新浦安駅前広場での最終演説で「既成政党打破」を力強く訴えマイクを納めた。

今回の選挙戦は、自民党が旧統一教会報道や薗浦健太郎氏の辞職に伴う補欠選挙もあり、逆風を受けていた。立憲民主党も小西洋之氏の「サル」発言で墓穴を掘った。

しかし、折本の下馬評は「最下位争い」だった。なぜならば組織がない議員だからだ。しかし、勝利した。腐敗堕落した既成政党に対して有権者が怒りの鉄槌を下したのだ。ただ今回の勝利は、選挙直前ではなく、日ごろから街頭に立ち続け、有権者とひたむきに向き合った成果と言うべきだろう。千葉県政から日本を建て直す折本の戦いは始まったばかりだ。読者の皆様におかれましてもどうぞご期待ください。

天皇を戴く国　現代史教育における重大な欠落（八）

元衆議院議員　西村眞悟

我が国は戦争目的を達成した

我が六年間の中学・高校生活は昭和三十六年四月に始まった。その六年間に使った歴史教科書を思い起こすとき、現代史教育において重大な欠落があることに気付く。それは、大東亜戦争における我が国の「戦争目的」と「基本戦略」という重大事に関することだ。従って、この重大事に関する欠落は、現在の日本国民の、歴史認識を狂わせている。何故なら、現在の戦争における勝利とは、「戦争目的」を達成したか否かによって決定されるからである。

よって、これから、我が国の歴史教科書において欠落している文書と、教科書で間違って教えられている文書を挙げ、逐次解説する。

まず、欠落している文書は次の三つ。

一、「米英蘭蒋戦争終末促進に関する腹案」、昭和十六年十一月十五日、大本営政府連絡会議、

二、「帝国政府声明」、昭和十六年十二月八日、

三、「大東亜共同宣言」、昭和十八年十一月六日

冒頭の「米英蘭蒋戦争終末に関する腹案」とは、

・速やかに極東に於ける米英蘭の根拠を覆し自存自衛を確立するとともに、

・さらに積極的措置に依り蒋政権の屈服を促進し独伊と提携して先ず英の屈服を図り、

・米の継戦意思を喪失せしむるに務む。

という基本戦略を記したものだ。即ち、まず我が国は、フィリピン、シンガポールそしてインドネシアという米英蘭の植民地から彼らを駆逐して、パレンバンの石油を我が物として自存自衛体制を確立し（南方作戦）、

さらにインド洋を制圧して、蒋介石支援ルートを切断するとともに、ヨーロッパ戦線でドイツ・イタリアと戦っているイギリスへのインドからの物資輸送を切断すればイギリスは屈服する（インド洋作戦）。そうすれば、戦争に参加しないことを公約して大統領三選を果たしたアメリカのF・ルーズベルト大統領は、戦争を続けることができなくなる、という「腹案」である。

この「腹案」は、大本営と十月十八日に成立した東条内閣の軍政のトップが練りに練って出来上がった基本戦略であり、現実に、フィリピン、マレー半島、シンガポールそしてインドネシアから米英蘭は日本軍によって駆逐された。さらに、仮に、インド洋を制圧していたら、独伊と日本によって挟み撃ちにされたイギリスは屈服したであろう。

しかし、現実にはこの「腹案」通りにはならなかった。何故なら、この大本営政府連絡会議とは別に、海軍の四隻の空母、赤城、加賀、蒼龍そして飛龍の搭乗員が、既に九月から真珠湾と似た鹿児島湾で海面すれすれの低空からの雷撃の猛訓練を繰り返し、十一月二十三日に、北の択捉島ヒトカップ湾に集結し、十一月二十六日の朝六時、真珠湾に向けて出航して、十二月八日未明、真珠湾のアメリカ艦隊を奇襲攻撃したからだ。つまり、海軍が勝手に戦争を始めたのだ。ここに我が国の基本戦略が破綻し、敗因が生まれた。

海軍の永野修身軍令部総長は、大本営政府連絡会議の一員であるのに、何故、海軍の真珠湾奇襲攻撃作戦を会議で言わなかったのか、もしくは軍令部総長も知らされてはいなかったのか、謎である。いずれにしても、我が国には、「統合幕僚組織」が欠落していたのだ。

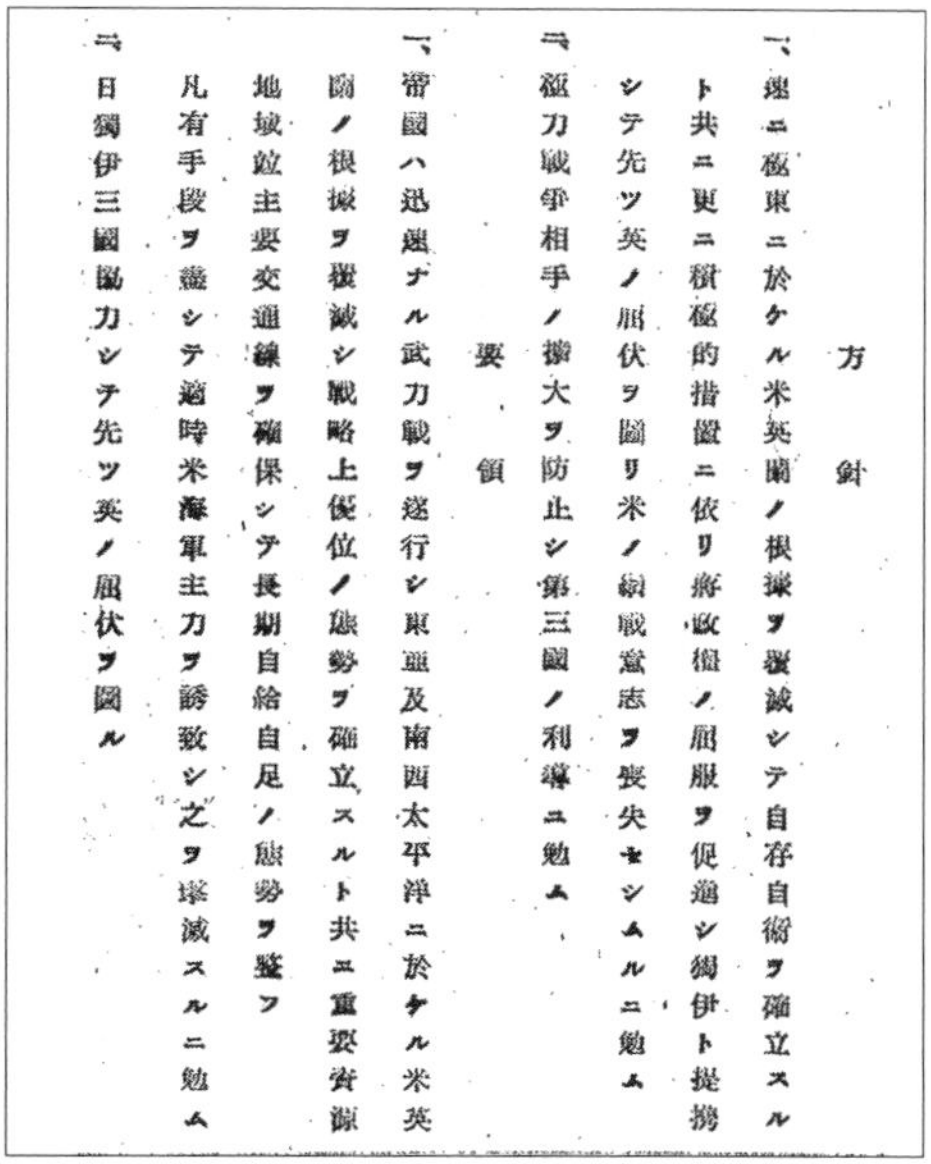

方針

一、速ニ極東ニ於ケル米英蘭ノ根據ヲ覆滅シテ自存自衞ヲ確立スルト共ニ更ニ積極的措置ニ依リ蔣政權ノ屈服ヲ促進シ獨伊ト提携シテ先ツ英ノ屈伏ヲ圖リ米ノ繼戰意志ヲ喪失セシムルニ勉ム

二、極力戰爭相手ノ擴大ヲ防止シ第三國ノ利導ニ勉ム

要領

一、帝國ハ迅速ナル武力戰ヲ遂行シ東亞及南西太平洋ニ於ケル米英蘭ノ根據ヲ覆滅シ戰略上優位ノ態勢ヲ確立スルト共ニ重要資源地域竝主要交通線ヲ確保シテ長期自給自足ノ態勢ヲ整フ

凡有手段ヲ盡シテ適時米海軍主力ヲ誘致シ之ヲ擊滅スルニ勉ム

二、日獨伊三國協力シテ先ツ英ノ屈伏ヲ圖ル

米英蘭蒋戦争終末促進に関する腹案

これは、戦時においても陸軍と海軍は別々の統帥で動くという明治三十六年十二月の「戦時大本営条例」改正以来の、我が国の、戦時国家体制の信じがたい致命的欠落であった。

次に、「帝国政府声明」と「大東亜共同宣言」は、我が国の「戦争目的」を世界に向けて公言した、誠に貴重なものである。「帝国政府声明」は真珠湾奇襲攻撃があった日の深夜に、次の通り発表された。

今次帝國が南方諸地域に対し、新たに行動を起こすの已むを得ざるに至る。

何等その住民に対して敵意を有するにあらず。只米英の暴政を廃除して東亜を明朗本然の姿に復し、相携えて共栄の楽を頒たんと翼念するに外ならず。帝國は之等住民が、我が真意を諒解し、帝國と共に東亜の新天地に新たなる発足を期すべきを信じて疑わざるものなり。今や皇国の隆替、東亜の興廃は、此の一挙に懸かれり。

これが我が国が、世界に向けて鮮明にした戦争目的である。そして、次の「大東亜共同宣言」は、日本と中国とタイそして満州の首脳と、我が国の南方作戦によって独立したフィリピン、ビルマそしてインドの首脳が、我が国の国会議事堂に集まった世界最初の有色人種による国際会議である大東亜会議において宣言された。「帝国政府声明」と同趣旨である。即ち、「大東亜各国は、萬邦との交誼を篤うし、人種差別を撤廃し、普く文化を交流し、進んで資源を開放し、以て世界の進運に貢献す」と格調高く結ばれている。

以上が、我が国の大東亜戦争の「戦争目的」である。よって、現在の、特にアジア・アフリカにおける、欧米白人種による人種差別と植民地が無くなった国際社会を大観する時、明らかに、我が国は「戦争目的」を達成している。よって、我が国は、大東亜戦争において、戦闘では負けたが、戦争では勝利したのである。このことを裏付ける文書を児童生徒に教えない日本の教育は、教育ではなく、反国家的で祖国と児童のご先祖を侮辱するに等しい。

「大西洋憲章」の正体

最後に、間違って教えられている文書こそ、一九四一年八月十四日のF・ルーズベルトとW・チャーチルの

「大西洋憲章」である。正確に言えば、これはルーズベルトとチャーチルの署名が無いので、一種の「怪文書」だ。その訳をチャーチルは、「日記」に正直に書いている。戦争をしていないアメリカの首脳が、戦争当事国の戦後の世界を取り決めた文書に署名できない、と。

我が国の教科書は、「大西洋憲章」をルーズベルトとチャーチルの、「戦後の世界の諸民族の自由と自立を取り決めた文書」と説明しているが、これは「ウソ」である。彼らは、ナチス・ドイツに席巻されたヨーロッパ諸民族の自由と自立を謳っただけで、自分たちが植民地支配しているフィリピンやビルマやインドやハワイやシンガポールや南アフリカやエジプトなどの自由と自立は全く念頭に無い。この文書は、両者の会談の主目的を誤魔化す為の偽装だ。この時、イギリスは、三十万のイギリス軍がダンケルクでナチスドイツ軍に殲滅されて逃げ帰り、首都ロンドンは連日空襲されて気息奄々で、チャーチルは藁をも掴む思いでアメリカの参戦を頼み込むために、ニューファンドランド沖に大西洋を渡って来ていたのだ。

その会談は、アメリカが直接ヨーロッパ戦線出て行くのは大統領選での公約を露骨に破るので難しい。従って、「Back Door To the War」（裏口からの戦争）でアメリカは戦争に参加するという「戦争の謀議」だ。「Back Door」とは「太平洋」で日本に最初に手を出させてアメリカはイギリスの戦争（the War）に入ると悪魔の決定をしたのだ。

石原莞爾とその時代②
田中智学と石原莞爾と宮澤賢治

哲学者　山崎行太郎

宮沢賢治の信仰の深度

田中智学が設立した《国柱会》という宗教団体をめぐって、田中智学、石原莞爾、宮澤賢治という人物たちが登場し、それぞれ、《極限の思考》を展開する。不思議な思想的ドラマである。《国柱会》を創設した田中智学はともかくとして、石原莞爾も宮澤賢治も、それぞれ、その活躍の場所やジャンルは異なるが、ともに天才的頭脳の持ち主であり、ともに歴史に大きな足跡を残している人物たちだった。これだけの人物たちを、《トリコ》にした《田中智学》とは、そもそも、どういう宗教家であり、どういう思想家であったのだろうか。田中智学の何が、石原莞爾や宮澤賢治を《トリコ》にしたのだろうか。この問題を、単に宗教問題、あるいは信仰や信者の問題としてのみ取り扱うことはできない。宗教や信仰の問題があるとしても、そこには、《宗教の深度》《信仰の深度》《信者の深度》がかかわっている。

石原莞爾が《国柱会》に入会し、《信行員》となるのは大正9年だが、不思議なことに、宮澤賢治が、《国柱会》に正式に入会するのも大正9年であった。もちろん、二人は、示し合わせて、同時に入会したわけではない。まったくの偶然である。

私は、石原莞爾や田中智学を問うまえに、まず宮澤賢治の宗教体験と信仰活動を例に、《国柱会》との出会いについて見てみようと思う。宮澤賢治の宗教体験を探っていくと、田中智学の思想的本質の一端が、あるいは石原莞爾の思想的本質の一端が、見えてくるのではないかと思われるからだ。

宮澤賢治は岩手県花巻に生まれ、家業は古着質商であった。宗教的には、浄土真宗の家庭で育っている。3歳ごろまでに、「正信偈」や「白骨の御文章」などを暗誦することができたといわれている。盛岡中学を卒業した18歳の秋、島地大等編『漢和対照、妙法蓮華経』を読んで、感動したという。

この頃、浄土真宗から、日蓮宗的世界へ転向していくわけだが、盛岡高等農林学校に進学してからは、さらに『法華経』の信仰が深まっていく。宮澤賢治が《国柱会》に入会したのは大正9年だが、同年12月2日付の保坂嘉内あての手紙に、《今度私は国柱会信行部に入会致しました》と書いている。おそらく、これが、宮澤賢治の正式な《国柱会入会》であろう。この《国柱会入会》について、国柱会内部の人は、どう見ていただろうか。当時、国柱会理事で、宮澤賢治の入会に立ち会った高知尾智耀は、「宮沢賢治の思い出」で、書いている。

《彼が国柱会を知り、その創始者であり総裁であった田中智学先生を知ったのは彼が学生時代ならびに卒業後に、東京へ出て上野図書館にしばしば行った時、鶯谷にあった国柱会館に来た時からであろう。とにかく彼が妙法蓮華経々文を拝読して非常な霊感をうけ、それから進んで法華経の研究、そしてついに求道の熱情から信仰生活を欣求し、それをみたすために国柱会に入会することを決意し、彼の従弟で、親友であった関登久也氏を説きふせて、共に一躍国柱会の信行員の認可を申請してきたのである。

当時、国柱会中央事務所であった国柱会館で、国柱会統務会々長であった保坂智宙居士と、理事であった私とが、その願意を検討した結果、信行員の入会を承認し、御本尊妙法曼荼羅と、妙行正軌、宗章等を授与したのであった》(高知尾智耀「宮沢賢治の思い出」)

宮澤賢治が、《国柱会》に入会したのは、他人に勧められたわけではなく、自分で、主体的に決断したものだった。それだけに、宮澤賢治の《国柱会》に対する思い入れも信仰の深度も、かなり深いものだった。続けて、高知尾智耀は書いている。

《いうまでもなく田中智学先生拝写の佐渡始顕の妙法曼荼羅であり、先生撰定の御修行の作法書、妙行正軌である。

のちに関登久也氏の語るところによれば、賢治は妙法曼荼羅を拝受して非常に喜び、花巻町の経師屋に命じて最もよき表装をなさしめ、そのできあがるや、妙行正軌にある御開眼の作法にもとづき賢治自ら式長として御開光の式をあげ、自分の拝受のものをすましてから、さらに関登久也氏感得のものも賢治が導師として御開眼したということである。その態度はじつに謹厳そのもので、音吐朗々として読経唱題の声いまなお忘れがたいと、関登久也氏は後に語っていた》

宮澤賢治の信仰の深さがよくわかる。しかし、《国柱会》との出会いはそれ以前にさかのぼる。大正7年2月から、日本女子大学の学生だった妹トシが発病したために、その病気看病のため母と共に上京し、翌8年2月まで東京に滞在するが、その頃に、鶯谷の《国柱会館》で、田中智学の講演を聴聞したことがあったらしい。したがって、《国柱会》を知ったのはこの頃であろう。

信仰の延長としての文芸

そして、さらに大正10年1月、突然　上京し、国柱会館を訪れる。高知尾智耀から「法華文学ノ創作」をすすめられ、筆耕校正の仕事で自活しながら文芸による『法華経』の仏意を伝えるべく創作に熱中する。つまり、宮澤賢治の場合、文芸の延長として、宗教や信仰があるわけではない。あくまでも、《国柱会》の信仰が第一で、その延長に《童話》や《詩》があった。したがって、《国柱会》の布教活動にも熱心に従事したことは、よく知られている。この濃密な宗教体験や宗教活動のことを、高知尾智耀は、次のように書いている。

《私がはじめて宮沢賢治に会ったのは、大正10年1月27日の午後、国柱会館の玄関先である。私は国柱会の講師であり理事である上に、会館の清規奉行として受付まで引き受けているという有様で、かなりいそがしい役目であった。

一人の青年の来訪に、玄関先へ出てゆくと、頭は五分刈、紺ガスリの和服姿に、洋傘と風呂敷づつみをもった、質実そうな二十五、六歳の青年が立っていた。用向きをたずねると

「私は昨年、国柱会の信行員として入会をゆるされた岩手県花巻の宮沢賢治というものであります。爾来国柱会のご方針にしたがって信仰にはげみ、一家の帰正を念じて父の改宗をすすめておりますが、なかなか了解してくれません。これは私の修養が足らないため

に父の入信が得られない、この上は国柱会館へ行って修養をはげみ、その上で父の入信を得るほかはないと決意し、家には無断で上京して来たものであります。どういう仕事でもいたしますから、こちらに置いて頂きご教導をいただきたいのです」ということであった。

私は同君が昨年、関登久也氏と共に一躍信行員として入会されたことは思い出したが、家を無断でとび出してきたといわれるので、即決的にきめかねて「東京にご親戚はありませんか」と尋ねると「あります」「それではひとまずそちらへおちついて下さい。そしてこの国柱会館に『毎夜講演』といって、日蓮主義の講演が毎夜あるから、それへ御来聴下さい。その際にゆっくりご相談いたしましょう」といって別れたのであった。（中略）私が宮沢賢治にはじめて会った時の第一印象は、「誠実醇朴な青年」という感じで、この人が珍しい信仰家であり、たぐいまれな詩才を有し、親には至孝、農村指導の篤行家であったことは、まだ私にはわからなかった。（中略）とにかく賢治はその後、毎夜国柱会館に通い、講話を聞かれるばかりでなく、いろいろの会合の斡旋をしてくれた。この国柱会館は、田中先生が大正5年に国柱会の中央活動の道場として建てられたもので、本部は静岡県の三保の松原、最勝閣にあった。

国柱会館の建物は、洋風2階建てで、屋上は全部庭園になっており、2階は大広間で舞台があり、千人位の収容力があり、講演会、国性劇の公開等がたびたび行われた。『毎夜講演』は、国柱会の講師が交替で、法華経の話、日蓮聖人の御遺文の話、田中智学先生の『妙宗式目講義録』の話、その他日蓮主義による時事問題、社会問題の批判等を毎晩やっていた。

また当時は大正9年に日刊『天業民報』が創刊されてまもないころで、国柱会の講師と会館詰めの青年は、毎日のようにお昼休みを利用して、ほど近き上野公園に行き『天業民報』を施本し、読者を募るべく屋外宣伝をやった。賢治もおりおりこれに加わり、壇上に立って講演をされたそうである。私はいっしょになったことはなかったが、のちに他の青年から賢治が熱心に絶叫されたという話を聞いた》（同上）

しかし、妹トシの病気のため帰郷せざるをえなくなる。

日本文明解明の鍵〈特攻〉②
日本異質論と奇跡の国日本論をこえて

歌人・評論家　屋　繁男

2、日本文明における特攻の意味

①　特攻作戦の賛否両論

特攻は長い悠久の歴史を持つ日本の歴史の中でも最も重く心にのしかかり、また心を揺り動かす出来事である。また今もなお国民の中で賞揚（英霊）と悲惨（犬死）との間を揺れる論議が絶えない。ある意味日本人の文明論的課題というべき課題である。

終戦時、賞賛論と悲惨論との争いでは後者が優勢であった。そしてしばらくは戦争被害者的立場からの、いかに特攻作戦が非人道的なものであるかが強調され、隊員たちが単なる犠牲者として語られるような論調が新聞、雑誌、テレビ等のマスコミを通じて流されてきた。

そのため戦時中は盛んに褒めたたえられた特攻は、戦後これを誤った非人道的、非合理的ないわば狂気の作戦で、戦前の軍国主義の最悪の第一の事例として取り扱われることが多かったのである。そして、ここが大切なことなのであるが特攻に志願して亡くなった青年たちに対しては、彼らは実は生きたかったのだが軍隊内での同調圧力や社会の雰囲気、気分に乗せられてそのような戦死という結果になったとする考えである。端的に言ってこのような論説は戦死した若者に対する侮辱と言ってよいであろう。誰でも人間は死ぬのは嫌であろう。死に対する恐怖や軍上部に対する怒りを感じていたはずである。九死に一生ならまだしも十死に零生のこの異様な、最初から生還を考えてはいない作戦に疑念を持ちながら出撃の日を迎えたことであろう。

しかしこのような状況の下でも、帰る望みを持たず彼らは「絶望」の海や空へ決然と表面上はさわやかを装って出撃していったのである。他の諸文明と日本文明との違いを追い求める筆者としてはとりあえずそのことだけが重要なのである。

この文明論的観点と軍事的観点とを取りまとめて端的に述べておられる研究者がいるので、それを紹介してから、さらに筆者の見解につなぎたいと思う。

仏国人のモーリス・パンゲはその著「自死の日本人」の中で次のように述べている。

「それを狂信だと人は言う。しかしそれは狂信どころかむしろ、勝利への意思を大前提とし、次いで敵味方の力関係を小前提として立て、そこから結論を引き出した、何物にも曇らされることのない明断な論理というべきものではないだろうか。この〈意志的な死〉はひとつの三段論法の上に立っていたのだ。自己を犠牲にすることに求められている情熱が、まるで氷と火でできたアマルガムのように、この上なく厳密な論理に溶け合っていた。どうして幻想を抱くことができよう。彼我これほどに戦力の異なる戦争では早晩死ななければならないことは分かりきっている。それならばおめおめ犬死するよりも少しは役に立って早死にする方が良い、と飛行隊員たちは思う。」（モーリス・パンゲ『自死の日本史』ちくま文庫、一九九二年）

「自死の日本史」の作者モーリス・パンゲにとっては第二次世界大戦末期の日本軍の特攻隊の事例は、近代にまたとない戦争のあり方としてあったと言えるであろう。明断で、分かりやすい論理で組み立てられ、日本人としても文句のつけようがない。さらに以下のようにも述べておられる。

「殺戮のために選ばれた犠牲者たちさ、と読者諸賢は言うだろうか。だがそれは違う。彼らが自分たちの運命を受け入れるその受け入れ方を見ないのは彼らを不当に貶めることになるだろう。彼らは強制され、誘惑され、洗脳されたのでもなかった。彼らの自由は少しも損なわれてはいない。彼らは国が死に瀕しているのを見、そして心を決めたのだ。この死はなるほど国家の手で組織されたものではあったが、しかしそれを選んだのは彼らであり、選んだ以上、彼らは日一日とその死を意思し、それを誇りとし、そこに結局は自分の生のすべての意味を見出し続けるのだ。」（同）

軍事の論理構成としてはその通りだと思われる。ただこのような立派な軍人、ますらおの論理だけがこのような行為を日本人青年になさしめているのではなく、より深い文明論的な論理がそこにあるということを付言しておくべきであろう。即ち、単なる武士道精神だけではなく、和歌、俳句、茶の湯さらには日本語の特質等において日本人は自己（主体）よりも他者や事物（自然）に依拠せんとする精神的傾向があることを後でも述べるように忘れてはならない。

② 特攻は日本文明では何故可能なのか

オギュスタン・ベルク博士の言葉をかりると、自己と他者ないし自然との関係でどちらを取るかの究極の選択を行う場合、日本人は欧米人の常識に反して後者つまり他者ないし自然を取るということである（『風土の日本』ちくま学芸文庫）。

自己の主体を捨て、心を空しくして物の中に没する。よく言われる無心とか自然流とかいう日本人の生き方である。これを少し具体的に言うと、我々日本人は自己を自然とか事物というものに一体化させようという願いを根源に持っている。つまり存在するとは今ここにあるもの（自然、事物、共同体）であり、自己を離れ、そのものとなることこそ、日本人の生を全うすることになると言うのである。しかし言うまでもなく自己と物（自然、事物、共同体）はそれぞれ独立したものとしてあり、自己が物になることなどは不可能なのである。周知の近代西欧哲学の祖カントが「我々が物に従うのではなく、物が我々に従わねばならない」と言い切ったのとは真逆に自己が物と一体となろうとするのである。

和歌、俳句、茶の湯、これらすべてに主体が事物作品の方に従う日本文明の特色が見てとれるであろう。しかし、注意すべきは完全に主体を消滅させるという方法を取るわけではない。元来それは成り立たない話だからである。そうではなく、物となって見、物となって行うことに憧れ続けるのである。つまり、あくまでも作為的に自己が空しくなるのをめざすのである。

しかし、平時には今述べた完全に主体を消滅させるという方法を取ることはありえないのはもちろんなのであるが、ところが戦時、特に今論じている特攻隊の作戦に関してはこのような方法の選択も浮かび上がってくるのである。

和歌や俳句や茶の湯からいきなり戦時、とりわけ特攻隊という論理の飛躍に驚かれる方もいるであろうが、決してそんなことはない。後で詳述するが主体としての自己と自然（事物）との関係にいま述べた独特の形式を古来とってきた日本人は、通常の戦争においても他の文明とは違ったやり方をするものであり、ましてや敗戦が近づいた頃の祖国防衛戦となればなおさらである。

それが証拠に、特攻隊程の十死に零生ほどではないにしても十年前の東日本大震災時の福島原発事故で吉田所長をはじめとした五十人ほどの関係者ははからずも自己の生命よりも原発の制御の方を選んだのである。又故障して発熱する原子炉の上から至近距離にて放水した自衛隊ヘリコプター部隊も同様である。それらは自己の生命よりも日本人全体多数の生命を選択したといえよう。彼らの勇気は当然ほめたたえてしかるべきであるが、その行動のうちに日本文明のすごみが現れていることを日本人は知らなければならないし、研究者や批評家、論理をたてて書く人間はそれを論じなければならない。

③ 航空特攻の成果

日本の特攻作戦はそれこそ特別ではあるが、一般的に戦争のあらゆる作戦において、当然犠牲は伴うものであり、その犠牲の有効性を常に考慮し作戦後も論議されるのが普通である。

そこで特攻作戦の有効性について少し述べておこう。当初米軍にとって特攻隊の攻撃はまことに恐るべきものであり、これにどう対処してよいかわからなかった。特攻機の突入に対して対空砲の精度を上げるため艦船は停止して迎撃すべきか、それともジグザク走行すべきか迷ったほどなのである。やがて米軍は防御の方策を考え、さらにシステムとしてほぼ完成した。ために特攻の奇襲効果は薄れ、米軍の損害も少なくなっていった。特攻機が標的艦に命中する確率は8機に1機であり、決定的な武器ではなかった。それでも彼我の装備と戦力の圧倒的な差を考えると、他の通常の戦法より効率が良かったと言えよう。

また本土防空戦においては世界でも類例のない戦闘機による体当たり攻撃を行った。この対B29作戦の時、体当たり攻撃機も含めての作戦で、日米の搭乗員の戦死者はほぼ同数であったと聞いている。この準特攻作戦ともいえる方法はそれなりに効果があったといえよう。多くの搭乗員の生命が失われたのだが、陸軍調布飛行場から迎撃に出て二度B29に体当たりし一機撃墜、一機大破の戦果をあげパラシュートで脱出し生還し、戦後も生き延びた板垣政雄軍曹がいるのを銘記しておくべきであろう。彼は戦後にも生き延びNHKの「歴史への招待」に出演し、その時の生々しい状況を語っている。（NHKオンデマンド「歴史への招待、B29に体当たりを敢行せよ、昭和十九年参照」）

当時は本土に来襲するB29の飛行高度は約一万メー

トル。それを迎え撃つ陸軍の戦闘機「飛燕」はせいぜい飛行高度八千メートル前後で攻撃は困難を極めた。そのため航空機関砲、防弾鋼板、さらには無線機等まで取り外して究極の軽量化を図ることによって、高々度での機能性能を向上させた「無抵抗機」と呼ばれる機体が作られた。体当たり機の大半は使い古しの中古機をそれに利用したようである。しかし一万メートルに上る技量を持ち且艦船への体当たりとは違って、B29爆撃機に体当たりするのはより高度な技量が要求された。しかも体当たり成功後に、可能なかぎりパラシュートでの脱出を試みるというさらに高度な技量と勇気が必要とされた。そのため経験のあるベテランパイロットがこの任に当たることになったのである。

ちなみに思うに、国家対国家や民族対民族という観点を抜いても、その戦闘機搭乗員の技量と勇気は褒めたたえられるべきであろう。日本の箱根かどこかにフランスの作家サンテクジュペリの記念館を作るのであるのなら、一戦闘機乗りとしてのたぐいまれな技量と勇気を発揮した彼のものを作ることが先であろう。純技術者的観点ないしは職人的観点からもそのように言わなければならないであろう。筆者はたとえ敵であってもこのような勇者はほめたたえるべきであるとさえ思う。

保田與重郎から読み解く維新の源流 ⑥

大神神社の摂社檜原神社から望む二上山
（筆者撮影）

日本精神の継承者
三島由紀夫と保田與重郎

歴史学者　倉橋　昇

はじめに

これまで、我が国の歴史を貫く一筋の精神の道について述べてきた。神代の神の言葉から始まったこの道は、世世の文人たちが守り伝え、そのため政治権力からは一線を画してきた。かつて藤原定家が「紅旗征戎吾が事に非ず」と述べた真意はこの点にあると、筆者は考えている。後鳥羽院の悲劇は、その偉大な精神を守り受け継ぐ文人でありながら、政をなさらねばならず、結局は権力闘争に敗れてしまったことにある。だが文人としての後鳥羽院は不滅であった。院の精神は隠遁詩人たちに受け継がれ、在野の文人たちを育み、時には大きなうねりとなり、国を動かしてきた。勤皇の志士や国学者がそれに当たる。保田與重郎は現代における、この精神の正統な継承者であった。

では、保田の後、この精神を受け継いだ者は誰であったのか。筆者は三島由紀夫であると考える。これには異論がある方々もおられようが、本稿では、筆者がなぜそのように考えるかを述べてみたい。ただ、三島は保田よりも先に世を去ったため、「この精神を受け継ぐはずだった者」と言い直した方が相応しいのかもしれない。

筆者のこの考えは、筆者が自身の父親から聞かされた保田の言葉によって導かれたと言ってよい。筆者の父が青年の頃、保田の元を訪れた際、保田は「三島は枯れたら、藤原定家に匹敵するような物書きになる」と語ったという。緻密に美を作り上げていく三島の作風は、なるほど定家の歌風に通じるものがあると、妙に納得がいったのを覚えている。その後、蹶起した三島を絶賛する保田の著述を読むうちに、保田と三島を繋ぐ一筋の精神が存在することを、確信するに至ったのである。

これまで筆者が我が国の歴史を貫く一筋の精神について述べてきたのは、これを述べるためであった。その精神は、神の言葉即ち「神詠」を源とし、「皇国《すめくに》の道義《みち》」「言霊の風雅《みやび》」「王朝の風雅《みやび》」とも表現されるが、つまりは「歌の道」のことである。保田は次のように述べている。

神が歌によつて世に諷したり、又は倒言したりしたやうに、言霊の歌のみちは、表現技術でなくして、世界観そのままであつた。それは神が人に告げることばであり、又人が神に云ふことばであつた。（保田與重郎『後鳥羽院』）

日本精神と三島由紀夫

したがって保田は、日本の精神を「全てが神に帰するとする精神」である考える。そして、三島がこの精神を受け継いでいると保田は考えていた。それは、三島の蹶起の直後に記した次の文章に表れている。

今の三島氏は四十五歳と新聞はしるしてゐる。彼はすべてを知つてゐたのである。日本人の歴史で、百年に一度位しか出ない人物の一人と私は信じてゐた。（中略）二十代後期の英雄や詩人の偉大な敗北と、四十代の経験をへた英雄の偉大な敗北は、思想的にも、詩情的にしても、きびしく異つてゐた。わが日本の文学史の典型でいへば、「大津皇子の像」と「後鳥羽院」と云つた対蹠である。（保田與重郎『作家論』）

つまり保田は、三島こそが後鳥羽院の正統なる後継者であると見ていたことになる。伝統の正風について、保田と三島が二人で語り合った形跡は無い。保田は二人の間に共通する精神を了知し、三島の行動を理解し、「後鳥羽院」に準えたのである。

二人を繋ぐ精神は「全てが神に帰するとする精神」であるから、それは当然、天皇の御存在に関する文章に最も清明に現れる。

私見では、終戦直後の陛下の人間宣言は、政治上の所謂権力と無関係無縁だつた至尊、無所有なる歴史上の至尊を、権力の方へ移したのである。表現だけでなく、思想と史観で謬つたのである。しかしこの種の考へ方は、明治新政府以来多少ならずあつたもので、明治初期の志士たちの捨身挺身は、さういふものへの生命を賭した現身の抵抗だつた。（同）

保田のこの言は三島の『英霊の聲』と相通じる。つまり天皇を政治としての存在ではなく、文化としての存在と捉えていた三島と同じ天皇観に立っていることを示している。

さらに保田は、三島を勤皇の志士の魁である高山彦九郎に準え、「彦九郎は文人としては当代の一級人だつたが、三島氏は日本の文学史上の最高峯級である」（同）とさえ述べ、志の為に自刃した彦九郎と三島を重ねた。つまり、保田は三島を後鳥羽院の精神の継承者、そしてまた勤皇の精神の体現者として見ていたのである。次の保田の文章がその証左である。

三島氏の心は、正実な者の間の戦ひを信じつづけてきたのであらう。しかし詩人のゆゑに英雄の心をやどした稀有の文学者は、古来、詩人や英雄のうけた宿命の如く、最も低い戦ひにつかれ、いやしい下等な敵に破れたのである。その死の瞬間に、眼うらに太陽を宿すといつたことばの実現を、私はただちに信じる。私は真の文人のいのちをこめた言葉を、絶対に信じるのである。（同）

三島の描いた小説『奔馬』の主人公、飯沼勲が最期に見た太陽にまで触れている。自刃した飯沼青年はまさに三島の分身であったと、眼うらの太陽は真実であったと、保田は嘆じたのである。『奔馬』が保田の故郷、大和国桜井の大神神社で飯沼が禊をする場面から始まることから、三島の意図するものを保田は汲み取っていたのかもしれない。

保田自身も、三島の思想が自身の説いてきた「神ながらの道」と同じであることを知り、素直に感動したと記している。

三島氏が最後に見てゐた道は、陽明学よりはるかにゆたかな自然の道である。武士道や陽明学にくらべ、三島氏の道は、ものに到る自然なる随神《かむながら》の道だつた。そのことを、私はふかく察知し、粛然として断言できるのが、無情の感動である。（同）

保田は、これを三島の説いた「文化防衛論」によって確信したものと思われる。「文化防衛論」は、「日本の文化は天皇であり、天皇は文化である」という一言に尽きるが、これについて保田は次のように述べる。

日本の文化は天皇であり、天皇は文化であるといふ思想は、天皇を政治権力の面だけで考へてきた旧来の右よりの政治的発想とは、全く別箇異質のものである。三島氏は天皇の御本義を、即位大嘗祭に見る。この理解は、わが神話に即した最も素朴なものだが、明治以降の国粋思想の中で、かういふ考へ方を私は見た例がない。(同)

三島氏の武士といふ思想は、三島氏以前の武士道とは全く異質のものにて、それは史的に驚くべきものである。三島氏の晩年の思想の基本にあつた即位大嘗祭の天皇、日本の文化といふ一線は、既成武士道では全く考へもされてゐない。発想上のどこにもないのだ。(同)

確かに近世の武家政権下で形成された武士道は、その儒教的な教育のためか、「神」や「天皇」には触れていないように思われる。だが、三島のいう武士とは、平安朝に登場する「もののふ」であった。平安の王朝文学を敬愛した三島にとっては、「天皇を守る武士」こそが武人の理想の形となったのであろう。必然、それは「文化を守る武士」ということになる。三島曰く、「文化」が「文化」自身を守ることはできない。「刀」がこれを守るのである。そして、この「守る」という行為には自己放棄が求められる。必然、文化の守護者には自己の滅却が求められるのである(三島由紀夫『文化防衛論』)。ここに三島の蹶起の本質があった。同じ道の上にいる保田には三島の言う「文化」「みやび」の本質が了知できたのである。

文化概念としての天皇

三島が憧憬してやまなかった文化概念としての天皇は「みやび」の源であった。そして庶民は、「みやびのまねび」によって天皇と繋がりを持ち、天皇を敬い、文化を共有してきた。例えば、天皇が毎年執り行う新嘗祭と同じ趣旨の祭祀を、各村、各家でも行ってきたことはまさしく「みやびのまねび」であろう。これは、天皇と民が単に国家の政治制度で繋がっているのではなく、神事、つまり文化によって結ばれていることを示すものである。

だが、明治時代、日本が近代国家となったとき、西洋諸国と同じ政治制度、つまり立憲君主制を採用して以来、日本国家はある重大な問題を抱えることとなった。それは「文化概念としての天皇の危機」であった。三島が最も懸念したこの問題について、三島は次のように述べる。

政治概念としての天皇は、より自由でより包括的な文化概念としての天皇を、多分に犠牲に供せざるをえなかった。（三島由紀夫『文化防衛論』）

伝統との断絶は一見月並風なみやびとの断絶に他ならず、しかも日本の近代は、「幽玄」「花」「わび」「さび」のような、時代を真に表象する美的原理を何一つ生まなかった。天皇という絶対的媒体なしには、詩と政治とは、完全な対立状態に陥るか、政治による詩的領土の併呑に終るかしかなかった。（同）

西洋の立憲君主の体裁を装った近代の天皇、つまり政治概念としての天皇は、近代国家制度の上に成立する現代日本の要であるが、「みやび」とは何の関係もない。「菊」は萎れつつある。三島の蹶起の理由はここにあった。

我々が忠誠を尽くす対象は、導入から二百年も経っていない西洋由来の近代国家なのか、それとも日本民族がその濫觴以来二千年以上受け継いできた「みやび」、言い換えれば、国民が共有する「美意識と倫理観」、そしてその積み重ねである「歴史と伝統」であるのか。三島は「みやび」に命を捧げることによって、馴染みの薄い西洋由来の無機質な制度に我々は命を捧げることができるのか、と迫ったのである。

菊と刀の連環

三島にとって「文化」とは、血みどろの母胎の生命や生殖行為から切り離せないもの、つまり人間の生々しさに付随するものであって、それは当然、「生」の一部として「死」をも含んでいる。三島はこの「生」と「死」、つまり「みやび」と「武」の連環を「菊と刀」の連環と呼んだ。この連環は永続していくものである。

三島はこの連環の断絶を危惧した。日本文化の中から「武」や「死」に纏わる部分を消し去ろうとする戦後の風潮に対し、三島は自らの「死」を以て「菊と刀」の連環を体現して見せたのである。圧倒的な政治的存在であるが故に文化を併呑してしまおうとする近代国家に一太刀あびせるというテロリズムに及んだのである。

だがこれは、文化を守らんとする「美的テロリズム」が「菊と刀」の連環の中において終いには文化に包含されてしまうことを知った上での行為であった。我が国の歴史において、これを知り、実践してきたのが志士と呼ばれる存在ではなかったか。世俗の利益や富、権力の為ではなく、志に殉じた彼らは、時にはテロリストとなり、時の権力によって弾圧もされたが、それでもなお彼らに大義を与えたもの、彼らが守り続けたものこそ「日本文化」、つまり「天皇」ではなかったか。

これ即ち維新の精神であり、三島もこの精神を受け継ぐ者であった。少年の頃の三島を知る保田は、その若く繊細な文人が、時を経てついに英雄になりおおせた姿を見て、その精神を激賞し、後の世に伝えんとしたのである。しかし、その筆には、老成したら定家の如き物書きとなると期待していた文士を失った悲しみも滲み出ている。

結び

保田は「文人のつとめは、身ながらに歴史を貫くのである」、また「道そのものであることにこそ、文章本来の生命がある」（保田與重郎『述史新論』）と述べていたが、三島はまさに文人として自ら道となり、「文化の中に生きる」ことを選んだのである。斯かる点において、三島の生命は不滅となった。そしてその生命は辞世の歌によって象徴される。

三島は蹶起する際、古から受け継がれる武人の心得に違わず、辞世の歌を残していた。天皇を守る武士として、「菊と刀」の連環を自らの「死」を以て守らんとした時、「太刀」を詠み込んだのは、やはりその自覚あってのことだろう。

益荒男がたばさむ太刀の鞘鳴りに
　幾とせ耐へて今日の初霜

三島は「文化防衛論」の中で、「今もなおわれわれは、『菊と刀』をのこりなく内包する詩形としては、和歌以外のものを持たない」（三島由紀夫『文化防衛論』）と述べているが、これは、文化概念としての天皇を「永久に、卑俗をも包含しつつ霞み渡る、高貴と優雅の月並の故郷」（同）と言い表していたことと無関係ではあるまい。この帰るべき、「高貴と優雅の月並の故郷」を想う時、我々日本人の心の裡には歌心が自ずと湧いてくる。英雄たち、志士たちが辞世の歌を残してきたのは、この懐かしき月並の故郷を想ってのことである。それは神代から続く我らが故郷であり、歌のみがそこに導いてくれる。三島はそう言いたかったのであろう。

保田や三島が胸裡に蔵していた、神代から続くこの精神、即ち「風雅」の正風を受け継ぐことこそが、今の世に維新を志す若者にはまず求められよう。諸君、雅なる歌を大いに詠むべし。

世界を牛耳る国際金融資本⑤
あるべき通貨制度

祖国再生同盟代表・弁護士　木原功仁哉

経済学の怠慢

これまでの4回の連載を通じて、国際金融資本が国家から通貨発行権を奪取し絶対的権力を確立させたことが、全世界の政治経済を大きく歪めてきた原因であることについて述べた。

しかし〝絶対的権力は絶対的に腐敗する。〟（ジョン・アクトン）ことは歴史が証明している。国際金融資本からの脱却を目指す我が党として、国際金融資本が構築した経済制度機構を打倒するための指導的理論「あるべき通貨制度」の概論を提案することで本連載の最終回としたい。

まず、これまでの近代経済学もマルクス経済学も、通貨制度の本質について全く考察してこなかったことが、国際金融資本の跳梁跋扈を許したということである。

レーニンは、貨幣が資本主義を助長し富の偏在と格差を生む元凶であるとしたマルクスの考えを忠実に実践しようとし、いわゆる1919年テーゼ（同年3月の第8回党大会で採択された党綱領）で、貨幣を廃止する準備をすることを明記した。ところが、翌年、この方針を取り消してその後は貨幣の廃止をすることがなくなり、マルクス主義はこの時点で理論的に破綻したことを殆どの学者、研究者が全く指摘しない。

その後は、ソ連は共産主義国家ではなくなり、国家自身が資本主義のプレーヤーとなる「国家資本主義」の東側と、従来通り資本家が資本主義のプレーヤーとなる「資本家資本主義」の西側とが対立するという世界の資本主義経済構造が生まれ、現在のロシアと中共などは、資本家資本主義を取り入れた国家資本主義主導の国家となっている状況にある。

いずれにしても、これまでの経済学は、通貨制度の本質を全く考察しなかったため、MMTという新自由主義が生み出したあだ花の管理通貨理論によって金融資本主義の横暴を阻止できる理論と方策を提示することができないでいる。こうして、現代の経済学は、今もなお経済（経世済民）の本質と方向性を完全に見失っているのである。

通貨発行権の本質

そこで、あるべき通貨制度について考察する必要が生じるのであるが、そもそも、通貨発行権を国家が独占するまでは誰が理論的意味において通貨発行権を持ち、それがどのような理由によって国家又は第三者が取得することになったのか。

思うに、財（商品など）と媒介貨幣との関係は、形影相伴うかの如く、物（財）に陽が当たれば（流通すれば）陰（貨幣）ができる様子と同じである。これが商品貨幣の場合は全く問題なかった。商品貨幣は、価値実体のある商品自体の価値があったことから物々交換の延長線上で説明ができたからである。

つまり、貨幣は、財（商品など）との関係で、財（商品など）の存在を原因として認められる有因の有価証券（有因証券）であり、無因証券である約束手形などとは異なる。いわば、貨物引換証や船荷証券と同様の有因的性質のものといえる。

しかし、個別的な財に対応する個別的貨幣を取引毎に発行するのは現実的には不可能であるから、個別的対応から総額的対応をした貨幣（全体的貨幣）を発行することになる。

こうして、国民は、商品と交換する際に必要な通貨を発行する権限を国家に委譲することになる。

国家に通貨発行権が委譲されることにより、貨幣は、法的な強制通用力を有する「通貨」（法貨）となる。通貨が商品価値を表象し化体するものであれば、それは単に法的な強制があればよいのではなく、財の実物価値と等価的な対応関係が維持されているとする国民の信頼を得なければならない。

そして、その信頼の根底には、取引ごとの個別的貨幣が通貨として認識できる根拠としての論理が存在しなければならない。それは、個別的貨幣が個別的通貨への転化する消息を手形に擬えて説明できるということである。つまり、取引当事者間だけに限定した考察では、個別的貨幣は、約束手形と同様に、買主が振出人（貨幣発行権者）であり売主が受取人となる。ところが、ここに国家が介入してくるとなると、国家は為替手形の引受人の地位に置かれて個別的通貨となる。約束手形から国家が引受人となる為替手形へと転換するのである。

そして、通貨であることから、振出人も受取人も無記名となり、国家（引受人）と受取人及びその承継人である所持人だけの関係となる。このようにして、個別的貨幣が個別的通貨になる。個別的通貨では、個別的な価値しか表象しないが、国家が個別的通貨を超えて、その総和である通貨総量を全体的に引受することによって、個別的貨幣に対応する個別的通貨から全体に対応する全体的通貨となる。つまり、これによって、通貨発行権を委譲された国家が発行する貨幣総量は、引受総量すなわち実物財（商品など）の価値総量と等価的に対応しなければならない制約が生まれることになるのである。

本位制を採用すべき根拠

このように考えてくると、貨幣総量は、国民経済において流通しうる財の価値総量に対応することになる。この流通財の価値総量は、一定時期（決算期末）における流通財の残高ということになる。これは、フローとストックの区別としてはストックであり、損益計算書（P／L）と貸借対照表（B／S）の会計学的区分からすると、B／S勘定なのである。

ストックの領域である通貨総量の認識に関して、金本位制、銀本位制の時代までは、ストックの視点に立っていた。金銀の保有量というストックの視点だったのである。ところが、管理通貨制（無本位制）に移行すると、いきなりフローの視点に変更してしまった。管理通貨制でも、原則として発行限度を決めたのであれば、ストックの視点は維持しなければならない。ところが、実質的には発行限度を設けなくなり、青天井になった途端に、通貨に関して専らフローで測定することにした。どのような理由によるものか、何の説明もないが、そのようにしてまで誤魔化さないとドル体制を維持できないということである。

やはり、経済を健全にするためには、通貨についてはストックの視点を物差しに使う「本位制」によるべきである。ところが、金本位制などはストック視点ではあったが、金（gold）の価値総量と国富（national wealth）の価値総量とは一致しない。ここでいう国富とは、国家の保有する流通財の価値総量であるから、国家の金保有量は国富の一部を構成するに過ぎないので、常に「国富∨金」の不等式となる。金本位制が崩壊した原因は、結局のところ、絶対に克服できないこの不等式のためであった。

国富本位制の採用

ところで、通貨を保持していることは、自己が欲するものが見当たるかは解らないが、どこかにこの通貨と交換できる何かしらの流通財が存在しているという信頼がなければならない。これが通貨制度を維持するについて必要なことである。その信頼を維持するためには、もう一度アダム・スミスの「国富」の意味を思い出せばよい。金銀を保有することが国益ではなく、人々の生活に必要となる豊かな流通財が存在することなのである。

つまり、国家の保有する流通財の価値総量である「国富」が、貨幣総量を決定づける本位でなければならないのである。

この国富本位制を実現するためには、政府の外に存在する中央銀行に委ねられてきた通貨発行権を国家が取り戻した上で、最終的には、銀行券（日銀券）と政府紙幣（国内通貨）とを一対一の交換比率で等価交換する措置がとられる必要がある。

普遍性のある制度理論は、常に単純なものでなければならず、それに基づく具体的な制度は簡素なものでなければならない。財（流通財）と貨（通貨）を均衡させる「財貨均衡原則」に基づいて、国富を本位とする「国富本位制」を実現させるこそが我が国だけに留まらず世界各国で採用されるべき唯一の通貨制度であると確信する。

結びに、本連載は本党最高顧問の南出喜久治弁護士の著書「国体護持総論」（国体護持塾ＨＰ）を踏襲させていただいた。先生にはこの場を借りて厚くお礼申し上げる。

尊皇愛国の経営　第十一回

日本の人口を一億五千万人にするために、適切な手を打ち続けてゆくべきです

㈱フローラ 会長　川瀬善業《かわせよしなり》

日本の人口を一億五千万人に!!

令和三年の一月二十一日に、東京の大手町のパレスホテル東京で開催された日本経営合理化協会主催の「全国経営者セミナー」で、河合雅司氏の講演を聞く機会がありました。

河合氏の講演は、「日本の人口は間違いなく減少して行く。これにどう対処して行くか？」という内容でした。

「人口減少は自然の摂理であり、人間の努力でどうにかなるものではない。だからこそ、減少した人口に対応する国家戦略を採るべきではないのか？」という、諦めに近い主張ですが、私はこれを聞きながら「違う！」「違う！」と心の中で叫んでいました。

人口は国力と同じです。日本が戦後復興を成し遂げ、世界第二位の経済大国となった力の源泉は国民の「数」にあるでしょう。

「人口は減るのが当たり前」という河合氏の意見では、「国力が低下するのは仕方ない」という事になります。

北海道で百二十人の人達が楽しく、明るく、幸せに暮らす「モデル都市」で、小学六年生の「せいこう」君の一家は九人兄弟で、十一人の大家族です。

日本の各地では、子沢山の例が多くあります。地域社会が子育てに力を入れ、人に優しい社会を維持して

いるからですが、同じ様な事を日本全国で展開すれば、人口は増えて行くのではないでしょうか？

私がここで紹介したいのは、岡山県勝田郡の奈義《なぎ》町《ちょう》です。奈義町は岡山県の北東部、鳥取県との県境に位置する山間部の小さな町で、人口は五四九一人ですが、合計特殊出生率は二・九五という高い数値を記録しています。

日本の出生率は一・三七ですから、奈義町の数値のすごさが分かります。人口五千人の小規模な町ですが、「平成の大合併」の時には隣の津山市との合併提案に反対し、町の存在を守り通しました。

日本中で、二・九五に近い出生率が続けば、令和三十五年の日本の人口は、一億五千万人になると思います。

奈義町は昭和四十四年八月一日に「大日本帝国憲法復原決議」を町議会で可決承認（賛成十、反対七）しています。この時は「黒住教」の信者であり、生長の家の谷口雅春師の信奉者であった、延原芳太郎町会議員の大活躍がありました。

愛国の町の奈義町の「奇跡」とは？

「大日本帝国憲法復原改正案」は、谷口雅春師が主導されましたが、もう一つ主導されていたのが、「優生保護法改正運動」でした。

「優生保護法」とは、昭和二十三年から平成八年まで存在した法律（現在は母体保護法）で、母親のお腹の中の赤ちゃんを中絶（殺す事）しても良いという内容です。

谷口雅春師は「優生保護法改正」のために、「日本助産婦協会」の会長であった横山フクさんを、参議院議員の候補として全面的に応援されていました。いかなる理由があっても、子供の命は守られるべきです。

谷口雅春師

二・九五の出生率を記録した奈義町ですが、平成十七年の出生率は一・四一であり、以前から高かった訳ではありません。

人口減少への危機感から、奈義町は子育て支援に積極的に乗り出したのです。

「奈義町の奇跡」をもたらしたのは、「子供が多ければ多い程、手厚くなる子育て支援」でした。

奈義町では平成二十四年の四月に、「奈義町子育て応援宣言」を発表しています。

子育て応援宣言の町　奈義町

それによれば、「満七か月児から満四歳で保育園に入園していない児童を養育している人を対象に、児童一人につき月額一万五千円支給」、「医療費を高校生まで無料」、「子供が生まれた時には、出産祝いとして一律に十万円交付」等財政面からサポートしています。

また、奈義町には次のような支援もあります。

①就農支援は、三九歳以下の人が新たに農業の職に就いたら一〇万円の支給。

②十六社の中小企業で八百人の人が働く東山工業団地。

③四五歳未満の独立就農者に、年間最大一五〇万円の支給。

④子育てしながら、「奈義しごとえん」で短時間働ける。

⑤保育料が国の半額、第二子はその半額、第三子より無料。

⑥在宅育児の保護者に一五、〇〇〇円の支給。

⑦高校生への年額一三万五、〇〇〇円の支援金。

⑧若い夫婦が住むための住宅の造成。

さらに、妊娠時のサポート、保育園の完備、健康診断の実施、各種感染症に対するワクチン接種等もサポートしています。「人口五千人の小さな自治体がここまでするのか?」と思いますが、子育ての本気度が違います。

奈義町が行った子育て支援を、全国の市町村がやるようになれば、確実に日本全体の出生率が上がるでしょう。

私は「奈義町の奇跡」の例を、地元三重県のいなべ市、東員町、そして会社がある四日市市、そして三重県の各議員に紹介し、「同じ事ができませんか?」と提案しています。

令和四年の十一月七日に、私は新幹線とレンタカーを使って、岡山県の奈義町を訪れました。延原さんのお墓を墓参し、「奈義町の奇跡」をもたらした、奈義町の役場の人の話を聞いてきました。

三重県の鈴鹿市と、三重県の多気町から、「奈義町の奇跡」を勉強に来たとのことです。

また、毎月発行の「奈義町議会だより」には、令和四年五月以降、「栃木県さくら市、徳島県北島町、秋田県大館市、北海道中富良野町、岡山県総社市、倉敷市、真庭市の各議会の視察がありました」と書かれています。二・九五の出生率の奈義町に、日本各地の議会議員が勉強に来たのです。

岸田首相も令和五年二月十九日に、奈義町に来ています。

「赤ちゃんポスト」の必要性

熊本県熊本市の慈恵病院の「こうのとりのゆりかご」は、「赤ちゃんポスト」の名前で知られる様になりました。望まぬ妊娠で子供を授かった母親が匿名で子供を預ける保育器で、平成十九年に慈恵病院に設置されました。

過去十五年間で、慈恵病院に預けられた子供の数は百六十一人です。皆、里親のもとで、すくすくと育っています。

令和四年九月に、厚生労働省と法務省は医療機関や自治体向けに、「妊婦が身元を明かす事に同意しない場合に、医療機関が仮名でカルテを作成できる。市区町村は母親を空欄にしたまま生まれた子の戸籍を作れる。」という指針を初めて公表しました。

また、「いのちを守る親の会」は現在、四十二都道府県に三百八十人以上のサポーターを配置し、人工妊娠中絶から子供の命を守っています。

ハンガリーのオルバーン首相の子育て支援

日本の政府は令和五年一月から出産準備金を妊娠時、出産時に合計十万円を支給する政策を打ち出しました。

積極的な子育て支援策を打ち出したオルバーン首相

子育てに関して、日本がモデルとするべき国はハンガリーです。

ハンガリーは人口九八〇万人、面積は日本の四分の一程度、GDPは世界五十七位と小国ですが、オルバーン首相はGDPの四・七％を導入して、積極的な子育て支援策を打ち出しました。

それは何と「子供を産めば産むほど、税金が免除される」という政策です。一人産めば月額三十ユーロ、二人目からは六十ユーロ、三人目からは九十九ユーロ免除され、四人目を生むと所得税が全額免除という、世界でも稀な政策です。

子供が生まれてからも育児支援を支給する他、若いカップル向けに、結婚奨励金、マイホーム補助金、学生ローン返済減免という政策を打ち出しています。

オルバーン政権が子育て支援に積極的なのは、EUが打ち出す移民奨励への対抗策もあるでしょう。

「人口減少の穴埋めに移民を」という声は日本でも聞かれますが、言うまでもなく移民に頼るのはあまりにも危険です。

令和三十五年の日本の人口を一億五千万人にするために、日本で、都道府県で、市町村で、適切な手を打ち続けてゆくべきだと思います。

いにしへのうたびと　第十回

山部赤人と笠金村　下

歌人　玉川可奈子

二人の挽歌

両者のさらなる共通点として、挽歌を見てみませう。赤人も金村も挽歌は一首のみです。赤人は、葛飾の真間《まま》の手児奈《てこな》。そして金村は、志貴皇子に対してです。

それぞれの挽歌を見てみませう。

まづは、赤人が「葛飾の真間の娘女の墓を過ぎし時に作つた歌」です。現在でも、京成線沿ひに市川真間駅があります。この地には手児奈を祀る手児奈神霊堂が鎮座してゐますし、後世の後付けかも知れませんが手児奈に由来するといふ井戸もあります。歌を見てみませう。

我も見つ　人にも告げむ　葛飾の　真間の手児奈が　奥津城どころ（三ー四三二）

（私は見たし、人も教へよう。葛飾の真間の手児奈の墓を）

葛飾の　真間の入江に　うちなびく　玉藻刈りけむ　手児奈し思ほゆ（三ー四三三）

（葛飾の真間の入江に靡いてゐる玉藻を刈る手児奈が思はれる）

この歌の長歌には、柿本人麻呂の「近江荒都歌」の影響があると指摘されてゐます。すなはち、「…天皇の神の命の大宮はここと聞けども春草の繁く生ひたる…」といつたところです。私は赤人の手児奈への挽歌こそ、赤人の絶唱だと思つてゐます。

手児奈のことは東歌にも、

葛飾の　真間の手児奈を　まことかも　我に寄すとふ　真間の手児奈を（十四ー三三八四）

（葛飾の真間の手児奈は本当かね、私に寄るといふ、真

間の手児奈を）

葛飾の　真間の手児奈が　ありしかば　真間のおすひに　波もとどろに（十四ー三三八五）

（葛飾の真間の手児奈が生きてゐれば、真間の磯辺に波もとどろくほどだナァ）

があります。手児奈は伝説の女性といはれてゐますが、私は見た目も心も美しいが故に二人の男性から求婚され、ことわり切れず自ら命をたつたはかない女性が当時、この地に本当にゐたのだらうと考へてゐます。赤人は、さうした女性の物語に心を動かされたのでせう。

次に志貴皇子の薨《こう》じられたときに詠まれた笠金村の作つた挽歌を見てみませう。

ここでは、長歌も合はせてお読みください。深い悲しみが感じられませうから。

梓弓　手に取り持ちて　ますらをの　さつ矢手挟み　立ち向かふ　高円山に　春野焼く　野火と見るまで　燃ゆる火を　何かと問へば　たまほこの　道来る人の　泣く涙　こさめに降れば　しろたへの　衣ひづちて　立ちどまり　我に語らく　なにしかも　もとなとぶらふ　聞けば　音のみし泣かゆ　語れば　心ぞ痛き　天皇の　神の皇子の　出でましの　手火の光ぞ　ここだ照りたる（二ー二三〇）

（梓弓を手に持ち、ますらをたちが猟の矢を指の間にはさんで立ち向かふ高円山に、春野を焼く野火と見間違ふほど夜空に燃えてゐる火を、あれは何かと聞けば、道を行く人の泣く涙は雨のやうに流れ、衣も濡れて立ち止まつて私にいふには、何故そのやうなことを聞くのでせう。聞いただけで涙が出ます。語れば心が痛い。天智天皇の神の皇子である志貴皇子の御葬送のたいまつの光があんなに照り輝いてゐるのだ）

反歌

高円の　野辺の秋萩　いたづらに　咲きか散るらむ　見る人なしに（二ー二三一）

（高円の野辺に咲く秋萩はむなしく咲いては散つて行くのだらう、見る人（志貴皇子）がゐなくなつて）

三笠山　野辺行く道は　こきだくも　しげく荒れたるか　久にあらなくに（二ー二三二）

（三笠山の野辺を行く道がこんなにも早く草が茂つ

て荒れてしまつたか。時も経たぬうちに）

まるで、その情景が目の前に浮かぶやうな、哀切きはまりない挽歌であり、反歌もまた胸に迫るものがあります。まことに、風雅に生きた皇子に相応しい内容の挽歌でありませう。

人麻呂も草壁皇子《くさかべのみこ》や高市《たけち》皇子たちをはじめとする皇族方への挽歌を詠み、その薨去を悲しみました。その一例を草壁皇子挽歌の反歌から見てみませう。

ひさかたの　天見るごとく　仰ぎ見し　皇子の御門の　荒れまく惜しも　（巻一・一六八）

（天を見るやうに仰いだ皇子の御殿の荒れて行くだらうことが惜しまれるよ）

あかねさす　日は照らせれど　ぬばたまの　夜渡る月の　隠らく惜しも　（巻一・一六九）

（日は照らしてゐるが、日の御子は夜の月のやうに隠れてしまはれたことが惜しい）

或本歌一首

島の宮　まがりの池の　放ち鳥　人目に恋ひて池に潜かず　（巻一・一七〇）

（島の宮のまがりの池の放ち鳥は、人の目を恋ひて、池に潜らうとせぬ）

金村の挽歌は人麻呂の挽歌と比べると確かにその荘重さや、迫力に於いて劣る部分がないわけではありません。しかし、私はこの金村の挽歌は人麻呂とは違つた哀切なる響きがあると感じてゐます。

そして、その哀しみの深さは、志貴皇子と金村の関係の深さによるものだと私は考へてゐるのです。現代でも、亡くなつた方の弔辞を読むのは、生前その人と特に親しかつた人になるでせう。いくら言葉に巧みな人な文学者や小説家のやうな人にそれを頼むのは、文章は飾ることができても心がありません。私は古代にもそのやうなことがあつたのでは、と勝手に想像してゐるのです。

山柿の門の系譜

人麻呂から赤人、そしてその系譜に連なる歌人として田辺福麻呂がゐます。彼もすぐれた歌をいくつも詠んでゐます。ごく一部だけ見てみませう。難波宮で作つた長歌は、「やすみしし　わが大皇…」（六一〇六二）と歌ひ出し、久邇《くに》の新京を讃めた歌では、「現

つ神　わが大皇…」（六―一〇五〇）と詠みました。

　この田辺福麻呂も、人麻呂の系譜に連なる歌人だと私は見てゐます。彼も天皇を神と讃へ、「やすみしし我が大皇…」と歌ひ継いできました。かうして、万葉、否、歌の伝統は人麻呂、金村、赤人、福麻呂、そして家持と受け継がれたのでした。

　さう考へると、大伴家持が言つた「山柿《さんし》の門」とは、人麻呂の系譜と理解できるのではないでせうか。「山柿の門」は、大伴家持の三九六九番歌の序文に書かれてゐます。該当箇所を引くと、

　「含弘《がんこう》の徳は、恩を蓬体《ほうたい》に垂れ、不貲《ふし》の思は、慰《い》を陋心《ろうしん》に報ふ。来眷《らいけん》を戴荷し、喩ふるところに堪ふるものなし。但以、稚き時に遊芸の庭に渉らずして、横翰の藻、おのづからに彫虫に乏し。幼き年に山柿の門にいたらずして、裁歌の趣、詞を聚林に失ふ…後略」


とあります。難しい文章です。おほよその意は、「あなたの徳は御恩を卑しい私に与へてくださり、そのお気持ちにより慰められました。お心遣ひをありがたく思ひます。ただし、私は幼い時に学問をしなかつたものですから、文章を巧みに作ることができません。同じやうに山柿の門にて学ばなかつたので、歌を作る上で言葉を選ぶのが適切ではありません…」となりませうか。

　赤人を人麻呂と並び立つ存在とするのは、赤人からすれば名誉でもありませうが、同時に苦しいことでありませう。赤人はあくまでも人麻呂を継いだ存在であつて、人麻呂を継いだのは金村も同じでした。さらに福麻呂や家持も彼らに続き、万葉の歌は受け継がれて行つたのでした。人麻呂を汲み、人麻呂に続かうとしたところに両者の特徴があり、歌の伝統があるのです。

　現代において、いにしへのうたびとたちがつないできた歌の伝統は、ほぼ断たれてしまひました。しかし、かうした歌の伝統を正しく学び、復活させるのも（興廃継絶）、内なる維新の実現のために必要なことではないでせか。

在宅医療から見えてくるもの

西洋近代文明の陥穽とその超克⑪

愛とはつまり想像力である

医師　福山耕治

想像力

もう30年くらい前になるが、筆者が大学生のとき、施設に入っている母方の祖母に面会に行ったことがある。祖母は認知症（当時は痴呆と言っていた）になっていて筆者が誰であるか認識できなかった。「耕治です。」と名乗っても「あなたは耕ちゃんじゃない。耕ちゃんは顔の丸いかわいい子だった。」と言われてショックを受けたことを覚えている。ただ、祖母に面会した帰りにそれよりももっとショッキングな場面に遭遇した。施設を出る寸前にトイレの前で他所のお年寄りが介護職員に排泄の失敗を叱責されていた。単なる注意というものではない。小突かれながら「汚しやがって！」などと大声で怒鳴られていた。その時のお年寄りの悲しそうな顔が今でも脳裏に焼き付いている。その場面を目の当たりにして「ひょっとしたら自分の知らない所でおばあちゃんも同じように小突かれて怒鳴られているかもしれない。」と恐ろしく悲しい思いになった。

大事なことは目では見えない。「病院」「施設」の現場でそう感じることがある。それは、目の前の「要介護状態の高齢者」が昔どんな人だったか?ということだ。慌ただしい「病院」「施設」の現場では常に時間が足りないのでそういったことを気にする余裕はない。逆に「在宅」の現場ではこの目では見えない大事なことが当たり前のように認識されている。認識されているからこそ在宅介護されているとも言える。在宅医療の現場でこの違いを良く感じる。

要介護状態の高齢者を在宅介護で支え続ける家族はその人が昔どんな人でど

んなことをしていてどんな人間性だったかを良く知っている。幼かった自分を親として守り育ててきてくれた人だと良く分かっている。お互いを支えあう配偶者でともに人生を歩んできたことを忘れない。だから、ひどい認知症があって人格が変わったように見えても、トイレひとつ自分で満足にできなくても、家族にとってその人は大切な人だ。

一方、忙しい「病院」「施設」の現場ではそのようなことが顧みられることは少ない。仕事で接する目の前の高齢者は「単なる認知症の高齢者」となったり「トイレに介助を要する高齢者」となったりしてしまう。「想像力」が足りない。あるいは「想像力」を働かせるような余裕や時間がない。かくして排泄の失敗を叱責せずにはいられなくなってしまう。

大事なことは目では見えない。目の前の要介護の高齢者は若い時には頑張って働いて社会に貢献したり家族を支えたりした立派な人だったのだ。人間の価値はその時の生産性や要介護度で決まるものではない。「どんな状態になっても人間としての価値は変わらない」と考えている人を訪問診療の現場で何人も見てきた。

実際に担当した患者さんの家族には、大切な人に貢献できる喜びを口にされる人もあれば、「ありがとう。」を期待するのではなくむしろ「ありがとう。」と声をかける人もあった。人間という存在は本来は時間軸を持って考えないといけない。往々にして「目で見えるまま」でしか認識されないのだが。

「星の王子さま」の献辞

フランス人の飛行士・小説家であるサン＝テグジュペリの小説『星の王子さま』の献辞には、「大人は誰でも元は子供だった（そのことを覚えている人は少ないのだけれど）。」という一文があり、子供の心を忘れてしまった大人に向けて書かれていることをうかがわせる。

新約聖書の中にも同じような言葉があり、コリント人への前の書第13章に「われ童子（わらべ）の時は語ることも童子のごとく、思ふことも童子の如く、論ずる事も童子の如くなりしが、人と成りては童子のことを棄てたり。」とある。

子供は大人の考えていることが理解できないし、大人も子供の考えていることが理解できない。良くも悪くも子供と大人は考えていることも思っていることも違っている。そのことをお互いがうまく認識できていれば良いのだが中々そうはいかない。そして、子供と大人と全く同じことが大人と年寄りについても成り立っている。つまり、大人は年寄りの考えていることが理解できない。筆者ならこう言いたい。「大人は誰でも後には年寄りになる（そのことを想像できる人は少ないのだけれど）。」と。

生老病死

生まれて、生きて、死ぬ。単純に言えば「人の一生」とはそういうことだ。この「人の一生」のなかで生活能力というものに注目してみよう。生活能力とは、食べたりトイレに行ったり風呂に入ったり着替えたり、あるいは季節に合わせて着る服を選んだりお金の管理をしたり、生活に必要なことを意思表示したりする能力のことだ。

人間は「動けない」「食べられない」「コミュニケーションできない」状態で生まれてくる。生まれたばかりの赤ちゃんは寝がえりさえも打てない。母乳やミルクを飲むことしかできない。コミュニケーションと言えば泣くことしかできないし言葉も分からない。当然一人で生きて行くことはできないので誰かに生活を支えてもらう必要がある。

細かい過程は省略するが、そこから誰かの支えを受けながら右肩上がりに成長し次第に「動ける」「食べられる」「コミュニケーションできる」ようになる。高校生あるいは20歳くらいになると生活能力としては一人前となってその状態が維持されるようになり、一人前の大人として働いて社会に貢献することとなる。誰かの支えは要らないし育児や介護などをできる余裕も生まれる。つまり、支えられる存在から今度は誰かを支える存在となる。

一方、形成された生活能力はいつまでも維持できるわけではなく個人差もあるがだいたい70歳〜80歳代から次第に低下し始めて右肩下がりになる。身体機能・認知機能が低下し再び「動けない」「食べられない」「コミュニケーションできない」状態へ向かう。ゆっくりと自然の老化が進む場合もあれば、「肺炎」「脳梗塞」

「転倒・骨折」などの病気や怪我のイベントにより階段状に身体機能・認知機能が低下することもあれば、「癌」のように急速に状態が悪化することもある。いずれにしても生活は困難となり誰かを支えることはできない。再び誰かの支えが必要となる。そして、「老」「病」の果てに自然の秩序として「死」が待っている。行きがあれば帰りがある。生まれたからには死ななくてはならない。

みんな同じ

赤ちゃんや子供にとって自分という存在は成長していく存在であり、かつての筆者もそうであったように、いつか自分が老いたり死んだりするということは想像すらしていない。良く言うと「夢と希望に満ちあふれている」存在である。

一方の高齢者は赤ちゃんとは逆に衰えていく存在であり、いままで当たり前にできていた身の回りのことができなくなっていく。「老」「病」が進みその先には「死」が待ち受けている。いわば「老病死」の真っ只中を生きている。常に衰えゆく自分を感じていて死を意識している。担当した高齢の患者さんが「長く生き過ぎました。」とか「早う参らせてください。」とか「自然に逝かせてください。」という言葉を口にされることがあるのはこのためである。

昔、東京都は品川区の武蔵小山というところに住んでいたことがある。通勤で通りかかる道沿いに理髪店があり「子供叱るな来た道だもの、年寄り笑うな行く道だもの。」という言葉が掲示されていた。今こうして当たり前のように原稿を書いている筆者も、読んでいるあなたも、昔はオムツを替えてもらっていた。そして長生きができたとしたら将来いつか必ずオムツを替えてもらうようになる。

西洋近代文明の陥穽、それは効率を追い求め忙しくなりすぎて想像力を働かせることができないことである。少し想像力を働かせれば分かるはずだ。目の前の要介護の高齢者も自分も乳児も「みんな同じ」であり、誰かを支えたり誰かに支えられたりすることはお互い様であり、ともに「老」「病」の果てに「死」を迎える、と。あるシンガーソングライター曰く、愛とはつまり想像力である。

【書評】

『天誅組の変　幕末志士の挙兵から生野の変まで』

舟久保藍 著
中央公論新社刊
924円（税込）

本書は、かねてより弊誌もお世話になっている舟久保藍氏による新著であり、天誅組の変の歴史的意義を俯瞰的な視点でとらえた労作である。

天誅組の変とは、文久三（一八五七）年に、土佐の吉村寅太郎、備前の藤本鉄石、三河の松本奎堂が公卿の中山忠光を主将に擁して大和吉野で決起した討幕親征の企てであり、久留米の真木和泉守等の働きかけによって渙発された大和行幸と攘夷親征の詔勅を受けて、「皇軍御先鋒」として挙兵したものである。彼等は五條代官所を襲撃して大和を朝廷の直轄地とする「御政府」を打ち立てたが、直後に朝廷内で八月十八日の政変が生起して大和行幸が中止され、三条実美を始めとする尊攘派の公家が一掃される（七卿落ち）と情勢が一変した。十津川郷士を糾合して紀州、津、彦根諸藩などの幕府軍との戦いを続けたが敗退を繰り返し壊滅した。

本書の特徴は、この天誅組の変を、前年（文久二年）の伏見寺田屋事変の延長として捉え、さらには平野國臣による生野の変（文久三年）を、天誅組を救援するための決起として捉え、両者の思想的連続を認めていることである。「天誅組はこれまで、大和国という地方の小さな蜂起にすぎない位置づけであり、先行研究文献でも決起後の行動の解明に重きが置かれ、吉野郡山中で壊滅したところで終わっているものが多い。生野の変となると天誅組以上に知られざる存在である。天誅組の変と生野の変は、一体と見るべきである。本書では、伏見挙兵からの流れの中に天誅組を位置づけることで、突発的な蜂起ではなく尊王攘夷思想と攘夷親征に沿ったものであることを明らかにしたいと考える。」

伏見寺田屋事変は、全国草莽志士による初めての討幕挙兵の企図であり、前述した真木や吉村、藤本といった志士たちが参画していた。この頃、平野が朝廷に建白した『回天三策』は、薩摩に勅命を下して討幕王政復古を断行するものであり、真木の『義挙三策』と合致する。しかし実際の伏見挙兵は勅命もない浪士による未遂に終わった。生野の変は、平野が天誅組救援を目的として但馬国生野で農兵を募集し、長州落ちした七卿の一人、澤宣嘉を擁して挙兵したものであるが、準備不足でたちまち鎮圧された。平野は捕えられて京の六角獄舎につながれ、元治元（一八六四）年の禁門の変による火災で囚人の脱獄を恐れた幕吏によって処刑された。平野の辞世「みよや人嵐の庭のもみぢ葉はいづれ一葉も散らずやはある」

著者はこうした天誅組の変と生野の変の歴史的意義について、旧幕臣で政治評論家の福地源一郎（桜痴）による次の言を引用している。「両挙は当時においてこそ左までの影響なきように見えたれ、今日よりして深く時勢の変移を察すれば、幕府はこのために頗る重傷を被りたりといわざるべからず」「然らば則ち倒幕の大火団は、この一小暴動これが燐寸（マッチ）の導火となって、後日に爆発せりと云うべきか」（『幕府衰亡論』）すなわち、天誅組の変は失敗したが、その後の討幕維新の扉を開く思想的発火点になったということである。

たしかに事実の表面だけをみると、それぞれの事変は一部の小集団による突発的かつ散発的にして失敗に帰した武装蜂起にしか映らない。しかし、その事象の根底にある精神の連続を評価せねば歴史の真相はつかめない。著者は最後に、元薩摩藩士の歴史家である市来四郎氏の言葉を引き、「明治維新が成立した由来は、獄にあって詩を詠み歌を詠み死んでいった尊皇の士と、その精神を困難の中で受け継ぎ繋いできた人々にこそあり、その精神の所在と事蹟の両方を記さねばならぬ」と述べている。むべなるかなである。

樋口毅宏『中野正彦の昭和九十二年』（イースト・プレス）

「安倍晋三元首相暗殺を予言した小説」として大きな話題となった本書は、発売前日に版元が販売を差し止めたことでも大きな話題となった。版元であるイースト・プレス社は「今回刊行に至るプロセスにおいて社内で確認すべき法的見解の精査や社の最終判断を得ることを行っておりませんでした」と釈明している。今回わずかに市場に流れた本書を入手した友人から提供を受けた。

本書は「安倍晋三」を「お父様」と敬愛してやまないネトウヨが主人公である。主人公は野党や中国人、朝鮮人に差別的憎悪を持ち、侮蔑的な表現が延々と続く。そんな中で主人公は「安倍晋三」もまた朝鮮系であるとの見解に突如転換し、安倍暗殺計画に突入していく。「安倍晋三」をはじめとして実在の政治家、政治評論家、コメンテーター、タレントなどが続々と出てきて、現実とシンクロした状態でフィクションが展開するところが、発売中止に至った経緯なのかもしれない。また、いわゆるヘイト的内容が出版中止の原因ともされるが、主人公がそういう考えだからと言って著者の考えもそうだということではないし、それをもって出版中止は理由にならないように思えてならない。ただ、インターネット上の感想にもある通り、本書は主人公が突然安倍暗殺に転換してしまい、そこへの心の動きが描かれないため、かなり唐突にクライマックスに突入する印象がある。

そのなかでも主人公の心の動きを想起させる部分はある。本書では、大相撲で外国人力士が通算勝利歴代第一位を達成する直前に自称右翼の十七歳の少年に刺殺される。このニュースに対し主人公は「日本人でないから殺されても仕方ない」と喝采を叫ぶが、犯人の少年が「少年B」として注目されるにつれて複雑な感情をあらわにしだす。というのも主人公も沖縄で基地反対運動の活動家を殺害したからだ。にもかかわらずなぜ自分は注目されず孤独に追いやられ、少年Bのみが注目されるのかー。安倍晋三殺害に向けた活動は表向き主人公の尊敬する「会長」の命令だが、それに収まらないものがあると思われる。クライマックスはネタバレになるので伏せるが、自民党的ネトウヨ政策の行き着く先を想起させる。

（評者　小野耕資）

古谷経衡『シニア右翼　日本の中高年はなぜ右傾化するのか』（中公公論新社、９９０円）

「大東亜戦争はアジア解放の戦争であった」。自信たっぷりにそう語るものの、なぜか初歩的な歴史が欠落している。そんなシニアに出会うことがある。そのようなシニア右翼が増殖しているのはなぜか、と考えていたところ、本書に出会った。

「久しぶりに実家に帰ると、それまで穏健な戦後民主主義的価値観を有していた老いた親が急に政治的右翼に目覚め、YouTubeで右傾的番組の熱心な視聴者になり、保守系論壇誌の定期購読者になっていた」（13頁）

著者はこんな事例は枚挙に暇がないと言う。しかも、シニア右翼が過激なヘイトに飛びつき、刑事事件を起こし裁判所から多額の罰金を命じられるケースも増えているという。彼らは「リベラル」とか「反日」と目された団体を目の敵にし、絶えず攻撃の意志を緩めないという。

１９９０年代中盤からのネット利用は若年層から始まったが、２００１年から２００８年くらいまでの期間、シニアのネット利用者が爆発的に増加したという。それまで煩雑だったネット接続が簡素化され、高速度のブロードバンドが整備されたからだ。では、ネットを利用するようになったシニアが右傾化するのはなぜなのか。ネットリテラシーが低いために、ネットの情報を鵜呑みにしてしまうのだ。

「前世紀末からゼロ年代前半にかけてネット掲示板が数々の犯罪予告の巣窟になった事件簿を彼らは実体験として知らない。……後発のシニアは、ネットの危うさや脆さについての体験を持たず、その危険性について免疫が薄弱である」（１３７頁）

しかし、シニア世代は戦後民主主義を享受した世代のはずだ。そうした世代がなぜ簡単に右傾化してしまうのか。

〈国民主権・基本的人権の尊重・平和主義」を原則とした戦後民主主義の大原則は、彼らの中ではまったく咀嚼されることなく、「ただなんとなく、ふんわり」と受容されていたに過ぎないから、後年になって動画という「一撃」で簡単にひっくり返ってしまった〉（１７７頁）。

ネット動画が人々の思想形成に与える影響について、さらに考えてみたい。

（評者　坪内隆彦）

昭和維新顕彰財団

大夢舘日誌

令和五年二月〜三月

一般財団法人昭和維新顕彰財団は、神武建国から昭和維新に代表される「日本再建運動」に挺身した先人の思想と行動を顕彰・修養・実践を行うことを目的に設立され、会員、有志の方々の支援により、これまでに様々な活動を行ってきました。

「大夢舘日誌」は、事務局のある岐阜県の大夢舘から、財団の活動について報告していきます。この日誌によって、財団に対する一層の理解が頂けましたら幸いです。

二月十五日

当財団が企画を行っているドキュメンタリー映画「検証五・一五事件　君に青年日本の歌が聴こえるか」の製作準備が進行している。

本映画は、当財団理事・小山俊樹氏（帝京大学教授）の著書である『五・一五事件―海軍青年将校たちの昭和維新』を原案に、謎に包まれた五・一五事件の史実を発掘・考究するドキュメンタリー作品として企画された。

監督は、これまでに「空の王者・零戦」をはじめドキュメンタリー作品を多く制作している坂下正尚氏（日本映画監督協会）、製作は「検証五・一五事件」製作委員会、製作協力はオルタスジャパン。

クランクインは五月十四日の岡山県・木堂記念館。十五日に第五十一回大夢祭を撮影予定（ナビゲーターは大和田伸也氏）。

問い合わせや募金については大夢舘まで。

二月二十四日

当財団評議員・菅原成典氏（光三寶荒神社管主）は、解体撤去される和歌山県にある橋本護國神社の遷宮運動を去年より行ってきたが、遺族連合会とともに「橋本護国神社遷宮実行委員会」を設立した。現在、菅原氏は和歌山県議とともに顧問に就任し、遺族連合会会長とともに体制を整え、遷宮実現にむけて活動を行っている。奉賛金の寄付、問い合わせは、橋本市各地区の遺族会会長、光三寶荒神社御供所観音寺（橋本市神野々七四二）まで。

三月五日

当財団総代会員・友田ゆうき氏が主宰する日本映画振興財団において、映画「令和の遺言（仮）」が製作進行中である。

本映画は元陸軍少佐・牧勝美氏をはじめ戦前・戦中・戦後を生き抜いた、戦争体験者の方々のメッセージを未来の子供たちに伝え、「利他」の心を教えていきたいと願う趣旨で製作されている。問い合わせは、一般財団法人日本映画振興財団まで。

三月二十四日

岐阜護国神社内にある「大夢の丘」の清掃奉仕を、事務局と有志の合同で実施した。天候も快晴で、満開の桜の下での草刈り奉仕であった。

三月二十七日

大夢舘において五十年にわたり活動されてきた長谷川裕行氏が、二十七日未明に逝去された。葬儀は密葬で行い、有志による偲ぶ会を後日行う予定である。

活動報告

・オンラインで維新と興亜塾　**八紘為宇と王道アジア主義**第二回（講師：坪内隆彦）開催。（二月二十二日）

・坪内隆彦編集長が**熊野飛鳥むすびの里**で「八紘為宇と王道アジア主義」と題し講演。（三月四日）

・坪内隆彦編集長、小野耕資副編集長で**伊勢神宮**参拝。（三月五日）。

・日本学協会の**少年日本史勉強会**（講師：小村和年日本学協会常務理事）に小野耕資副編集長と山本直人編集委員が参加。（三月十八日）

・wave101多目的小ホールにて**折本たつのり「いざ県政へ！」の集い**を開催。（三月二十一日）

・オンラインで維新と興亜塾　八紘為宇と王道アジア主義第三回（講師：坪内隆彦）開催。（三月二十二日）

・一水会創設者であり顧問の「**鈴木邦男お別れの会**」に坪内隆彦編集長、小野耕資副編集長、金子宗徳編集委員、稲村公望東京支部長、杉本延博奈良支部長が参列。（三月二十三日）

・茨城県の笠間稲荷神社で**橘孝三郎生誕百三十周年・没後五十年記念式典**が開催され、坪内隆彦編集長、小野耕資副編集長が参列。（三月二十五日）

・折本龍則発行人が**千葉県議選**に挑戦。見事当選！（三月三十一日～四月八日選挙戦、四月九日投開票、七十頁参照）

※活動は youtube「維新と興亜」チャンネルでも公開

読者の声

■浦安市民です。浦安で生活していると折本さんの政治活動を見かける機会が度々あります。ゴリゴリの保守系にもかかわらず思想だけで勝負せず、地方政治では地に足がついた活動をされていることも好感が持てます。既存大政党はどこもおかしいから無所属で闘うという姿勢もすばらしいと思っております。陰ながら応援していますのでがんばっていただきたいです。日本を変えてください！

（匿名希望、浦安市民男性）

■3月号の特集「國體と政治」を読んで、ちゃんとした国体観を持っている国会議員がいることがわかり、少し安心しました。城内実議員の毎朝の禊行も、神谷宗幣議員とモラロジー研究所との縁もとても意外でした。

（会社員・山下達弘）

読者の皆様からの投稿をお待ちしています。
二百字程度の原稿をお送りください。
mail@ishintokoua.com

編集後記

★本誌発行人・折本龍則が千葉県議会議員選挙において完全無所属で出馬し、一万四千九百四十票を獲得し、初当選を果たしました（詳細は七十頁）。福島伸享衆議院議員をはじめ本誌にご登場いただいている先生方にも応援にかけつけていただきました。誠に有難うございました。

★特集で取り上げた毛呂清輝氏のことを調べ、かつて『新勢力』という理論誌が存在したことの意義を改めて考え、道義国家日本の再建を目指す本誌の役割について、自覚を新たにすることができました。精進して参ります。

★昭和維新顕彰財団企画のドキュメンタリー映画「検証 五・一五事件～君に青年日本の歌が聴こえるか～」の制作がいよいよスタート。折本龍則が藤井斉役、編集長・坪内隆彦が橘孝三郎役、副編集長・小野耕資が古賀清志役、同人・田口仁が四元義隆役を務めます。まもなく坂下正尚監督から演技指導を受けます。ご期待ください。

（T）

≪執筆者一覧（掲載順）≫

坪内隆彦　（本誌編集長）
折本龍則　（千葉県議会議員・崎門学研究会代表）
小野耕資　（本誌副編集長・大アジア研究会代表）
安田浩一　（ジャーナリスト）
山平重樹　（ノンフィクション作家）
花房東洋　（「大愚叢林」庵主）
蜷川正大　（二十一世紀書院代表）
番家　誠　（一水会副代表）
小村和年　（前呉市長・日本学協会代表（常務）理事）
仲田昭一　（水戸史学会理事）
篠原　裕　（橘孝三郎研究会事務局・元楯の会1期生）
仲原和孝　（樽井藤吉研究家）
出見晃大　（本誌記者）
西村眞悟　（元衆議院議員）
山崎行太郎　（哲学者）
屋　繁男　（歌人・評論家）
倉橋　昇　（歴史学者）
木原功仁哉　（祖国再生同盟代表・弁護士）
川瀬善業　（株式会社フローラ会長）
玉川可奈子　（歌人）
福山耕治　（医師）

道義国家日本を再建する言論誌
維新と興亜　五月号
令和五年四月二十八日　発行
編集　崎門学研究会
　　　大アジア研究会
発行人　折本龍則（望楠書房代表）
〒279―0001
千葉県浦安市当代島1―3―29アイエムビル5F
TEL　047―352―1007（望楠書房）
Email　mail@ishintokoua.com
URL　https://ishintokoua.com
印刷　中央精版印刷株式会社
※　七月号は令和五年六月発行